(사)한국어문회 주관
한자능력검정시험

자꾸 공부 하고픈 책

7級 150字

모의고사문제집

어문출판사

머 리 말

漢字는 우리 문화를 지켜왔습니다.
옛 조상들이 쓴 글을 읽어 그 속에 淵源이 있고 아직까지 많은 낱말들이 漢字로 되어 있으니 그 뜻을 알아두는 것이 좋다. 이러한 진정한 意味를 이해하고 漢字를 배워야 하는데 요즘 한자를 쓸 곳이 없으니 한자를 배우려는 사람들이 없어 표준어로 낱말 뜻이 바뀌어지고, 그 漢字語를 한글로만 표현하니 진정한 뜻이 무엇인지 모르기 때문입니다.

기능시에 이의 문제점을 중점적으로 살펴서 많은 분들이 많아 시정될 수 있도록 또 장래에 자녀들이 사람으로 올바르고 지혜로움의 넋을 이어받아 기업을 진흥하는기 바랍니다.

아무쪼록 이 책을 통하여 漢字工夫의 진정한 의미를 알아 인상에 도움이 되기 바라며 과부족한 부족한 용어는 가르침을 기다리며, 미흡한 漢字수수구정까지 취득하였으며 그 응용 인간이외에 漢字의 필요성 참의 대한 금정과 시정성을 가지게 될 것임을 믿습니다.

이 책으로 工夫하시는 모든 분들의 성공을 기원합니다.

편저자 씀

접수방법 ① 접수처방문 ② 인터넷접수

① 접수처방문 · 준비물 : 사진2매(3×4)/한자성명/주민등록번호
　　　　　　　　　　　전화번호/주소/우편번호
　　　　　　　· 고사장수용인원초과시 조기마감 될 수 있습니다.
　　　　　　　· 전국고사장 및 시험문의 : 한국어문회 1566-1400
　　　　　　　　　　　　　　　　　　　　　www.hanja.re.kr

② 인터넷접수 www.hangum.re.kr

◆2003년도 인터넷 원서 접수부터는 이용자약관에 동의하여 회원가입한 분만 인터넷 원서 접수 가능.

◆인터넷회원가입준비물 : 이름, 한자이름, 전화번호, 주소 등의 인적사항과 스캔된 본인의 사진이미지.

◆먼저 회원가입을 해 놓은 응시자는 인터넷접수일자에 본인의 개인정보 및 사진정보등록 없이 로그인만 하면 바로 접수 가능.

③ 접수시기 · 대략 시험일의 2개월前
　　　　　　· (공인급수 특급~3Ⅱ) ㄱ 2, 5, 8, 11월 넷째주 土시행
　　　　　　· (교육급수 4급 ~ 8급) ㄴ (교육급수 11時, 공인급수 15時)

한자능력검정시험時 유의사항

1. 수험번호, 주민등록번호, 성명 반드시 기재
2. 검정볼펜 사용 (수정액사용)
3. 신분증 지참 (초등학생은 의료보험증 지참)
4. 답안지 칸에 벗어나지 않도록 작성
5. 답안지 낙서 금지
6. 대표훈음을 기재 (검토할 것)

우량상과 우수상의 시상 기준

급수	총문항(합격점)	우량상		우수상		비고
		초등	중고등	초등	중고등	
7급	70 (49)	67	–	69	–	

第1回 한자능력검정시험 7급

(시험시간 : 50분) 시험시작시간 時 分
시험종료시간 時 分

※다음 한자어의 音(음)을 쓰시오.

1. 不動( )
2. 不安( )
3. 入口( )
4. 農地( )
5. 家道( )
6. 江村( )
7. 東海( )
8. 敎育( )
9. 歌手( )
10. 洞里( )
11. 間食( )
12. 同生( )
13. 大韓( )
14. 方正( )
15. 校旗( )
16. 文字( )
17. 天然( )
18. 七十( )
19. 記事( )
20. 長男( )

21. 깜작 놀라는 氣色이 역력했다. ( )
22. 시험 칠 땐 姓名을 확실히 적으세요. ( )
23. 시골에는 邑面에 나가야 마트가 있다. ( )
24. 後世에 이름을 빛낼 수 있도록 살자. ( )
25. 거리홍보에 市民들이 동참을 했다. ( )
26. 절전에 대비한 休電이 있었다. ( )
27. 室內에서는 조용히 하자. ( )
28. 정성껏 花草를 키우다. ( )
29. 나는 數學 시간이 제일 재미있다. ( )
30. 兄弟간에는 우애가 좋아야한다. ( )
31. 萬物이 생동하는 봄. ( )
32. 춘추의 반대는 夏冬이다. ( )

※다음 한자의 訓(훈:뜻)과 音(음:소리)을 쓰시오.

33. 林( )
34. 主( )
35. 老( )
36. 重( )
37. 夕( )
38. 算( )
39. 來( )
40. 少( )
41. 植( )
42. 夫( )
43. 登( )
44. 問( )
45. 秋( )
46. 百( )
47. 語( )
48. 川( )
49. 千( )
50. 命( )
51. 祖( )
52. 春( )

※다음 밑줄 친 단어의 한자어를 골라 번호를 쓰시오.

① 住所 ② 便所 ③ 工場 ④ 空地

53. 나는 주소를 한자로 쓸 수 있다. …( )
54. 공장에서 연기가 나오다. …………( )

자꾸 공부 하고픈 책 모의고사문제집

7급 제1회

※다음 훈과 음에 맞는 한자를 골라 번호를 쓰시오.

| ① 女 | ② 紙 | ③ 王 | ④ 出 | ⑤ 寸 |
| ⑥ 足 | ⑦ 話 | ⑧ 心 | ⑨ 直 | ⑩ 有 |

55. 발 족 (   ) 56. 계집 녀 (   )

57. 임금 왕 (   ) 58. 마음 심 (   )

59. 말씀 화 (   ) 60. 곧을 직 (   )

61. 날 출 (   ) 62. 종이 지 (   )

63. 마디 촌 (   ) 64. 있을 유 (   )

※다음 한자의 반대되는 한자를 골라 번호를 쓰시오.

| ① 木 | ② 月 | ③ 金 | ④ 火 |

65. 日 - (   ) 66. 水 - (   )

※다음 한자어의 뜻을 쓰시오.

67. 全國 : (   )

68. 下車 : (   )

※다음 漢字에서 진하게 표시한 획은 몇 번째 쓰는지 <보기>에서 찾아 그 번호를 쓰시오.

| ①1번째 | ②2번째 | ③3번째 | ④4번째 |
| ⑤5번째 | ⑥6번째 | ⑦7번째 | ⑧8번째 |

69. (   ) 70. (   )

左   右

☀ 보너스문제 ☀

☺예문을 참고하여 빈칸에 한자로 써 보세요☺

不動 不安 入口 農地 家道 江村 東海 教育
歌手 洞里 間食 同生 大韓 方正 校旗 文字
天然 七十 記事 長男 氣色 姓名 邑面 後世
市民 休電 室內 花草 數學 兄弟 萬物 夏冬

不		天	
不		七	
入		記	
農		長	
家		氣	
江		姓	
東		邑	
教		後	
歌		市	
洞		休	
間		室	
同		花	
大		數	
方		兄	
校		萬	
文		夏	

얼~쑤

70점 만점에 49점 이상 합격!

/70

- 6 -

■ 사단법인 한국어문회·한자능력검정회 주관

수험번호 □□□-□□-□□□□
성명 □□□□□
주민등록번호 □□□□□□-□□□□□□□
※ 유성 싸인펜, 붉은색 필기구 사용 불가.

※답안지는 컴퓨터로 처리되므로 구기거나 더럽히지 마시고, 정답 칸 안에만 쓰십시오. 글씨가 채점란으로 들어오면 오답처리가 됩니다.

전국한자능력검정시험 7급 답안지(1)

번호	답안란	채점	번호	답안란	채점	번호	답안란	채점	번호	답안란	채점
1			9			17			25		
2			10			18			26		
3			11			19			27		
4			12			20			28		
5			13			21			29		
6			14			22			30		
7			15			23			31		
8			16			24			32		

※뒷면으로 이어짐

·············· 절 취 선 ··············

성명 [   ]

7급 ①　　旗(　　)　　登(　　)　　林(　　)

▽　　　冬(　　)　　來(　　)　　面(　　)

歌(　　)　　洞(　　)　　老(　　)　　命(　　)

口(　　)　　同(　　)　　里(　　)

성명 [   ]

7급 ②	百(	)	夕(	)	植(	)
▽	夫(	)	所(	)	心(	)
文(	)	算(	)	少(	)	語(	)
間(	)	色(	)	數(	)		

················· 절 취 선 ·················

전국한자능력검정시험 7급 답안지(2)

번호	답안란	채점	번호	답안란	채점	번호	답안란	채점	번호	답안란	채점
33			43			53			63		
34			44			54			64		
35			45			55			65		
36			46			56			66		
37			47			57			67		
38			48			58			68		
39			49			59			69		
40			50			60			70		
41			51			61					
42			52			62					

검토하고 제출하십시오.

/70

성명 [   ]

第2回　한자능력검정시험　7급

(시험시간 : 50분)　시험시작시간　時　分
시험종료시간　時　分

※다음 한자어의 音(음)을 쓰시오.

1. 女心(　　)　2. 男女(　　)
3. 水中(　　)　4. 手話(　　)
5. 南北(　　)　6. 正答(　　)
7. 活動(　　)　8. 車道(　　)
9. 日記(　　)　10. 自主(　　)
11. 有名(　　)　12. 登場(　　)
13. 所重(　　)　14. 先祖(　　)
15. 電工(　　)　16. 夕月(　　)
17. 全面(　　)　18. 西海(　　)
19. 算數(　　)　20. 空氣(　　)
21. 나무를 심기보다 育林을 잘해야 한다.
　………………………………(　　)
22. 事物을 올바르게 보자.
　………………………………(　　)
23. 약속 時間을 잘 지키자.
　………………………………(　　)
24. 나를 낳아주신 우리 父母님.
　………………………………(　　)
25. 주말이면 外食을 한다.
　………………………………(　　)
26. 운동회는 청군과 白軍으로 나뉜다.
　………………………………(　　)
27. 임금의 아들은 王子라 부른다.
　………………………………(　　)
28. 우리 누나는 文學을 좋아한다.
　………………………………(　　)
29. 午後에는 졸음이 온다.
　………………………………(　　)

30. 이불솜은 木花가 최고다.
　………………………………(　　)
31. 市內는 복잡하다.
　………………………………(　　)
32. 고향을 떠나 萬里 타향으로 일하러 간다.
　………………………………(　　)

※다음 한자의 訓(훈:뜻)과 音(음:소리)을 쓰시오.

33. 口(　　)　34. 少(　　)
35. 冬(　　)　36. 夫(　　)
37. 來(　　)　38. 住(　　)
39. 歌(　　)　40. 千(　　)
41. 老(　　)　42. 草(　　)
43. 命(　　)　44. 秋(　　)
45. 語(　　)　46. 便(　　)
47. 邑(　　)　48. 休(　　)
49. 問(　　)　50. 植(　　)
51. 字(　　)　52. 夏(　　)

※다음 밑줄 친 단어의 한자어를 골라 번호를 쓰시오.

① 校門　② 校長　③ 同門　④ 洞長

53. 우리 교장선생님은 자상하시다. …(　　)
54. 아버지와 삼촌은 동문이다. ………(　　)

자꾸 공부 하고픈 책 모의고사문제집　　　　　　　　　7급 제2회

※다음 훈과 음에 맞는 한자를 골라 번호를 쓰시오.

①百　②農　③旗　④上　⑤右
⑥川　⑦江　⑧村　⑨世　⑩然

55. 그럴 연（　　）　56. 오른 우（　　）

57. 인간 세（　　）　58. 위　상（　　）

59. 강　강（　　）　60. 기　기（　　）

61. 농사 농（　　）　62. 마을 촌（　　）

63. 내　천（　　）　64. 일백 백（　　）

※다음 한자의 반대되는 한자를 골라 번호를 쓰시오.

①紙　②地　③八　④入

65. 天 - （　　　　）　66. 出 - （　　　　）

※다음 한자어의 뜻을 쓰시오.

67. 立春 : （　　　　　　　　　　　）

68. 每年 : （　　　　　　　　　　　）

※다음 漢字에서 진하게 표시한 획은 몇 번째 쓰는지 <보기>에서 찾아 그 번호를 쓰시오.

①1번째　②2번째　③3번째　④4번째
⑤5번째　⑥6번째　⑦7번째　⑧8번째

69. （　　　）　70. （　　　）

方　色

☀ 보너스문제 ☀

☺다음 한자어의 뜻을 써 보세요☺

※앞에서부터 풀이합니다.

水中 :

手話 :

南北 :

正答 :

活動 :

車道 :

日記 :

自主 :

※뒤에서부터 풀이합니다.

有名 :

登場 :

▷水中 : 물 가운데.　　▷車道 : 차가 다니는 길.
▷手話 : 손으로 말함.　▷日記 : 날마다 기록함.
▷南北 : 남과 북.　　　▷自主 : 스스로가 주인임.
▷正答 : 바른 답.　　　▷有名 : 이름이 있음.
▷活動 : 살아서 움직임.▷登場 : 장소에 나타남.

얼~쑤

70점 만점에
49점 이상 합격!

/70

■ 사단법인 한국어문회·한자능력검정회 주관

수험번호 ☐☐☐-☐☐-☐☐☐☐☐ 성명 ☐☐☐☐☐
주민등록번호 ☐☐☐☐☐☐-☐☐☐☐☐☐☐

※ 유성 싸인펜, 붉은색 필기구 사용 불가.

※답안지는 컴퓨터로 처리되므로 구기거나 더럽히지 마시고, 정답 칸 안에만 쓰십시오. 글씨가 채점란으로 들어오면 오답처리가 됩니다.

전국한자능력검정시험 7급 답안지(1)

번호	답안란	채점	번호	답안란	채점	번호	답안란	채점	번호	답안란	채점
1			9			17			25		
2			10			18			26		
3			11			19			27		
4			12			20			28		
5			13			21			29		
6			14			22			30		
7			15			23			31		
8			16			24			32		

※뒷면으로 이어짐

·············· 절 취 선 ··············

성명 [   ]

7급 ③   育(   )   祖(   )   地(   )

▽   邑(   )   住(   )   紙(   )

然(   )   入(   )   主(   )   川(   )

有(   )   字(   )   重(   )

7급 ④

千 (　　　　　) 　村 (　　　　　) 　便 (　　　　　)

千 (　　　　　) 　秋 (　　　　　) 　夏 (　　　　　)

天 (　　　　　) 　春 (　　　　　) 　花 (　　　　　)

草 (　　　　　) 　出 (　　　　　) 　休 (　　　　　)

………………………………………… 절 취 선 …………………………………………

전국한자능력검정시험　7급　답안지(2)

번호	답안란	채점	번호	답안란	채점	번호	답안란	채점	번호	답안란	채점
33			43			53			63		
34			44			54			64		
35			45			55			65		
36			46			56			66		
37			47			57			67		
38			48			58			68		
39			49			59			69		
40			50			60			70		
41			51			61			검토하고 제출하십시오.		
42			52			62			/70		

- 12 -

第3回 한자능력검정시험 7급

(시험시간 : 50분)   시험시작시간 時 分
시험종료시간 時 分

※다음 한자어의 音(음)을 쓰시오.

1. 年少( ) 2. 百年( )
3. 平安( ) 4. 手足( )
5. 家長( ) 6. 孝道( )
7. 空間( ) 8. 南東( )
9. 國旗( ) 10. 農村( )
11. 電話( ) 12. 場所( )
13. 氣力( ) 14. 一萬( )
15. 弟子( ) 16. 大同( )
17. 祖上( ) 18. 文物( )
19. 住民( ) 20. 三寸( )

21. 병원에 外來 환자가 많다. ( )
22. 다치기는 했으나 生命에는 지장이 없다. ( )
23. 판정은 中立의 위치에서 한다. ( )
24. 나는 성격이 小心한 편이다. ( )
25. 부모님께 紙面으로 인사 드리다. ( )
26. 청정지역 바다에는 海草가 많다. ( )
27. 工夫를 해서 훌륭한 사람이 될꺼야. ( )
28. 단풍이 五色으로 물들다. ( )
29. 秋夕엔 달이 둥그렇게 뜬다. ( )
30. 우리 마당은 四方 트여 있어서 시원하다. ( )
31. 위급 시에는 119가 出動한다. ( )
32. 記事는 진실성이 있어야 한다. ( )

※다음 한자의 訓(훈:뜻)과 音(음:소리)을 쓰시오.

33. 花( ) 34. 夏( )
35. 下( ) 36. 算( )
37. 天( ) 38. 然( )
39. 千( ) 40. 有( )
41. 重( ) 42. 育( )
43. 歌( ) 44. 邑( )
45. 洞( ) 46. 春( )
47. 登( ) 48. 便( )
49. 里( ) 50. 休( )
51. 林( ) 52. 問( )

※다음 밑줄 친 단어의 한자어를 골라 번호를 쓰시오.

① 敎室 ② 植木 ③ 校門 ④ 正直

53. 웬일인지 교실이 시끌벅적했다. …( )
54. 식목하고 가꾸기는 더 중요하다. …( )

자꾸 공부 하고픈 책 모의고사문제집   7급 제3회

※다음 훈과 음에 맞는 한자를 골라 번호를 쓰시오.

```
① 冬   ② 世   ③ 入   ④ 右   ⑤ 字
⑥ 數   ⑦ 兄   ⑧ 口   ⑨ 男   ⑩ 語
```

55. 들 입 (　　　)　　56. 글자 자 (　　　)

57. 오른 우 (　　　)　　58. 말씀 어 (　　　)

59. 셈 수 (　　　)　　60. 겨울 동 (　　　)

61. 입 구 (　　　)　　62. 인간 세 (　　　)

63. 사내 남 (　　　)　　64. 형 형 (　　　)

※다음 한자의 반대되는 한자를 골라 번호를 쓰시오.

```
① 山   ② 後   ③ 前   ④ 川
```

65. 先 - (　　　)　　66. 江 - (　　　)

※다음 한자어의 뜻을 쓰시오.

67. 地名 : (　　　　　　　　　　)

68. 主食 : (　　　　　　　　　　)

※다음 漢字에서 진하게 표시한 획은 몇 번째 쓰는지
　<보기>에서 찾아 그 번호를 쓰시오.

```
①1번째   ②2번째   ③3번째   ④4번째
⑤5번째   ⑥6번째   ⑦7번째   ⑧8번째
```

69. (　　　)　　70. (　　　)

正　　老

☼ 보너스문제 ☼

☺반대자끼리 줄로 잇고 빈칸에 한자로 쓰세요☺

반 上下 : 위와 아래.　　반 前後 : 앞과 뒤.
반 手足 : 손과 발.　　반 問答 : 묻고 대답함.
반 左右 : 왼쪽과 오른쪽.　반 內外 : 안과 바깥.
반 老少 : 늙은이와 젊은이.　반 男女 : 남자와 여자.
반 天地 : 하늘과 땅.　　반 江山 : 강과 산.
반 出入 : 나가고 들어감.　반 山川 : 산과 내.

70점 만점에
49점 이상 합격!

/70

- 14 -

■ 사단법인 한국어문회·한자능력검정회 주관

수험번호 □□□-□□-□□□□
성명 □□□□□
주민등록번호 □□□□□□-□□□□□□□
※ 유성 싸인펜, 붉은색 필기구 사용 불가.

※답안지는 컴퓨터로 처리되므로 구기거나 더럽히지 마시고, 정답 칸 안에만 쓰십시오. 글씨가 채점란으로 들어오면 오답처리가 됩니다.

전국한자능력검정시험 7급 답안지(1)

번호	답안란	채점	번호	답안란	채점	번호	답안란	채점	번호	답안란	채점
1			9			17			25		
2			10			18			26		
3			11			19			27		
4			12			20			28		
5			13			21			29		
6			14			22			30		
7			15			23			31		
8			16			24			32		

※뒷면으로 이어짐

·················· 절 취 선 ··················

성명 [   ]

7급 ①

▽

기 기 (   )   오를 등 (   )   수풀 림 (   )

겨울 동 (   )   올 래 (   )   낮 면 (   )

노래 가 (   )   골 동 (   )   늙을 로 (   )   목숨 명 (   )

입 구 (   )   한가지동 (   )   마을 리 (   )

- 15 -

7급 ②	일백 백 ( )	저녁 석 ( )	심을 식 ( )
▽	지아비 부 ( )	바 소 ( )	마음 심 ( )
글월 문 ( )	셈 산 ( )	적을 소 ( )	말씀 어 ( )
물을 문 ( )	빛 색 ( )	셈 수 ( )	

············ 절 취 선 ············

전국한자능력검정시험 7급 답안지(2)

번호	답안란	채점	번호	답안란	채점	번호	답안란	채점	번호	답안란	채점
33			43			53			63		
34			44			54			64		
35			45			55			65		
36			46			56			66		
37			47			57			67		
38			48			58			68		
39			49			59			69		
40			50			60			70		
41			51			61					
42			52			62					

검토하고 제출하십시오.

/70

第4回 한자능력검정시험 7급

(시험시간 : 50분) 시험시작시간　時　分
　　　　　　　　시험종료시간　時　分

※다음 한자어의 音(음)을 쓰시오.

1. 便所(*　　)　2. 便紙(　　)
3. 農家(　　)　4. 天命(　　)
5. 動力(　　)　6. 食前(　　)
7. 同姓(　　)　8. 花草(　　)
9. 軍歌(　　)　10. 自足(　　)
11. 萬事(　　)　12. 平生(　　)
13. 每時(　　)　14. 春秋(　　)
15. 道人(　　)　16. 四方(　　)
17. 洞口(　　)　18. 安全(　　)
19. 登記(　　)　20. 孝心(　　)

21. 길거리에서 面長님을 만났다.
　………………………………（　　）
22. 靑旗는 좋은 뜻을 나타낸다.
　………………………………（　　）
23. 사촌누나는 名門가로 시집갔다.
　………………………………（　　）
24. 市場에 가면 활기차다.
　………………………………（　　）
25. 이민 간 사람은 母國이 그립다.
　………………………………（　　）
26. 부모님께는 千金 같은 자식이다.
　………………………………（　　）
27. 유럽대륙과 영국과의 사이에 있는 北海.
　………………………………（　　）
28. 십년이면 江山도 변한다는 속담이 있다.
　………………………………（　　）
29. 큰 식당은 邑內에 가면 있다.
　………………………………（　　）

30. 空中을 떠도는 비행기.
　………………………………（　　）
31. 여름의 냉방으로 電氣를 많이 소비한다.
　………………………………（　　）
32. 아빠 귀가시간이 子正을 넘었다.
　………………………………（　　）

※다음 한자의 訓(훈:뜻)과 音(음:소리)을 쓰시오.

33. 文(　　)　34. 主(　　)
35. 冬(　　)　36. 村(　　)
37. 夕(　　)　38. 然(　　)
39. 百(　　)　40. 語(　　)
41. 算(　　)　42. 入(　　)
43. 少(　　)　44. 育(　　)
45. 字(　　)　46. 有(　　)
47. 老(　　)　48. 里(　　)
49. 數(　　)　50. 祖(　　)
51. 住(　　)　52. 出(　　)

※다음 밑줄 친 단어의 한자어를 골라 번호를 쓰시오.

① 學校　② 學生　③ 問安　④ 問答

53. 학교 가는 길이 즐겁다. …………（　　）
54. 나는 선생님과의 문답을 좋아한다.（　　）

자꾸 공부 하고픈 책 모의고사문제집　　　　7급 제4회

※다음 훈과 음에 맞는 한자를 골라 번호를 쓰시오.

① 休	② 後	③ 川	④ 來	⑤ 重
⑥ 夏	⑦ 活	⑧ 直	⑨ 林	⑩ 外

55. 뒤 후 (　　)　　56. 쉴 휴 (　　)

57. 살 활 (　　)　　58. 여름 하 (　　)

59. 내 천 (　　)　　60. 무거울중 (　　)

61. 곧을 직 (　　)　　62. 바깥 외 (　　)

63. 올 래 (　　)　　64. 수풀 림 (　　)

※다음 한자의 반대되는 한자를 골라 번호를 쓰시오.

① 南	② 西	③ 弟	④ 夫

65. 兄 - (　　)　　66. 東 - (　　)

※다음 한자어의 뜻을 쓰시오.

67. 植木 : (　　　　　　　　)

68. 月色 : (　　　　　　　　)

※다음 漢字에서 진하게 표시한 획은 몇 번째 쓰는지 <보기>에서 찾아 그 번호를 쓰시오.

①1번째	②2번째	③3번째	④4번째
⑤5번째	⑥6번째	⑦7번째	⑧8번째

69. (　　　)　　70. (　　　)

地　　男

☼ 보너스문제 ☼

☺단어가 되도록 가로와 세로로 묶고 뜻도 써 보세요☺

農	家	食	前
花	天	命	自
草	同	姓	足
軍	歌	動	力

農家 :

天命 :

動力 :

食前 :

同姓 :

花草 :

軍歌 :

自足 :

▷農家 : 농사짓는 집.　　▷同姓 : 같은 성씨.
▷天命 : 하늘의 명령.　　▷花草 : 꽃과 풀.
▷動力 : 움직이는 힘.　　▷軍歌 : 군사들의 노래.
▷食前 : 밥 먹기 전.　　▷自足 : 스스로 만족함.

열~쑤

70점 만점에
49점 이상 합격!

/70

■ 사단법인 한국어문회·한자능력검정회 주관

수험번호 □□□-□□-□□□□
성명 □□□□□
주민등록번호 □□□□□□-□□□□□□□
※ 유성 싸인펜, 붉은색 필기구 사용 불가.

※답안지는 컴퓨터로 처리되므로 구기거나 더럽히지 마시고, 정답 칸 안에만 쓰십시오. 글씨가 채점란으로 들어오면 오답처리가 됩니다.

전국한자능력검정시험 7급 답안지(1)

번호	답안란	채점	번호	답안란	채점	번호	답안란	채점	번호	답안란	채점
1			9			17			25		
2			10			18			26		
3			11			19			27		
4			12			20			28		
5			13			21			29		
6			14			22			30		
7			15			23			31		
8			16			24			32		

※뒷면으로 이어짐 ■

·· 절 취 선 ··

성명 [   ]

7급 ③

기를 육 (   )   할아비 조 (   )   땅   지 (   )

▽

고을 읍 (   )   살   주 (   )   종이 지 (   )

그럴 연 (   )   들   입 (   )   주인 주 (   )   내   천 (   )

있을 유 (   )   글자 자 (   )   무거울 중 (   )

- 19 -

성명 [   ]

7급 ④

	마을 촌 ( )	편할 편 ( )
일천 천 ( )	가을 추 ( )	여름 하 ( )
하늘 천 ( )	봄 춘 ( )	꽃 화 ( )
풀 초 ( )	날 출 ( )	쉴 휴 ( )

·· 절 취 선 ··

전국한자능력검정시험 7급 답안지(2)

번호	답안란	채점	번호	답안란	채점	번호	답안란	채점	번호	답안란	채점
33			43			53			63		
34			44			54			64		
35			45			55			65		
36			46			56			66		
37			47			57			67		
38			48			58			68		
39			49			59			69		
40			50			60			70		
41			51			61					
42			52			62					

검토하고 제출하십시오.

/70

7級 ▷중간점검용◁

① ② ③

歌 (　　　)　　算 (　　　)　　主 (　　　)

口 (　　　)　　色 (　　　)　　重 (　　　)

旗 (　　　)　　夕 (　　　)　　地 (　　　)

冬 (　　　)　　所 (　　　)　　紙 (　　　)

洞 (　　　)　　少 (　　　)　　川 (　　　)

同 (　　　)　　數 (　　　)　　千 (　　　)

登 (　　　)　　植 (　　　)　　天 (　　　)

來 (　　　)　　心 (　　　)　　草 (　　　)

老 (　　　)　　語 (　　　)　　村 (　　　)

里 (　　　)　　然 (　　　)　　秋 (　　　)

林 (　　　)　　有 (　　　)　　春 (　　　)

面 (　　　)　　育 (　　　)　　出 (　　　)

命 (　　　)　　邑 (　　　)　　便 (　　　)

文 (　　　)　　入 (　　　)　　夏 (　　　)

問 (　　　)　　字 (　　　)　　花 (　　　)

百 (　　　)　　祖 (　　　)　　休 (　　　)

夫 (　　　)　　住 (　　　)

성명 [ ]

7級	▷중간점검용◁	정답 91쪽

①	②	③
노래 가 ( )	셈 산 ( )	주인 주 ( )
입 구 ( )	빛 색 ( )	무거울 중 ( )
기 기 ( )	저녁 석 ( )	땅 지 ( )
겨울 동 ( )	바 소 ( )	종이 지 ( )
골 동 밝을 통 ( )	적을 소 ( )	내 천 ( )
한가지 동 ( )	셈 수 ( )	일천 천 ( )
오를 등 ( )	심을 식 ( )	하늘 천 ( )
올 래 ( )	마음 심 ( )	풀 초 ( )
늙을 로 ( )	말씀 어 ( )	마을 촌 ( )
마을 리 ( )	그럴 연 ( )	가을 추 ( )
수풀 림 ( )	있을 유 ( )	봄 춘 ( )
낯 면 ( )	기를 육 ( )	날 출 ( )
목숨 명 ( )	고을 읍 ( )	편할 편 오줌 변 ( )
글월 문 ( )	들 입 ( )	여름 하 ( )
물을 문 ( )	글자 자 ( )	꽃 화 ( )
일백 백 ( )	할아비 조 ( )	뒤 후 ( )
지아비 부 ( )	살 주 ( )	7급

- 22 -

7급 중간점검용 [한자]

第5回 한자능력검정시험 7급

(시험시간 : 50분)

시험시작시간　時　分
시험종료시간　時　分

※다음 한자어의 音(음)을 쓰시오.

1. 老母（　）　2. 年老（　）
3. 江南（　）　4. 東方（　）
5. 空軍（　）　6. 同數（　）
7. 國立（　）　8. 問答（　）
9. 出生（　）　10. 民主（　）
11. 七夕（　）　12. 八寸（　）
13. 家門（　）　14. 火力（　）
15. 工夫（　）　16. 洞長（　）
17. 校歌（　）　18. 木手（　）
19. 電車（　）　20. 百姓（　）

21. 이야기의 前後를 들어보자.
 …………………………（　）
22. 上午 중 오전에는 운동장에서 놀다.
 …………………………（　）
23. 사람이면 正道를 걸어야 한다.
 …………………………（　）
24. 우리 食口는 총 5명이다.
 …………………………（　）
25. 祖父께서는 국립현충원에 누워계신다.
 …………………………（　）
26. 부부는 一心동체이다.
 …………………………（　）
27. 重大한 일은 상의를 해야 한다.
 …………………………（　）
28. 신랑신부가 入場 하다.
 …………………………（　）
29. 추석을 仲秋절이라 한다.
 …………………………（　）
30. 우리집 住所를 한자로 써 보자.
 …………………………（　）
31. 불매운동에 千萬명이 서명했다.
 …………………………（　）
32. 休日은 즐거운 날!
 …………………………（　）

※다음 한자의 訓(훈:뜻)과 音(음:소리)을 쓰시오.

33. 旗（　）　34. 字（　）
35. 文（　）　36. 冬（　）
37. 少（　）　38. 林（　）
39. 植（　）　40. 里（　）
41. 語（　）　42. 面（　）
43. 育（　）　44. 算（　）
45. 邑（　）　46. 便（　）
47. 春（　）　48. 草（　）
49. 全（　）　50. 花（　）
51. 話（　）　52. 男（　）

※다음 밑줄 친 단어의 한자어를 골라 번호를 쓰시오.

① 每月　② 海水　③ 天命　④ 有名

53. 미영이는 매월 봉사활동을 한다. （　）
54. 사람은 천명을 거역할 수는 없다. （　）

자꾸 공부 하고픈 책 모의고사문제집　　　　　　　7급 제5회

※다음 훈과 음에 맞는 한자를 골라 번호를 쓰시오.

| ① 夏 | ② 然 | ③ 左 | ④ 直 | ⑤ 登 |
| ⑥ 平 | ⑦ 氣 | ⑧ 足 | ⑨ 活 | ⑩ 來 |

55. 발　족 (　　)　　56. 왼　좌 (　　)

57. 살　활 (　　)　　58. 평평할평 (　　)

59. 곧을 직 (　　)　　60. 여름 하 (　　)

61. 오를 등 (　　)　　62. 기운 기 (　　)

63. 올　래 (　　)　　64. 그럴 연 (　　)

※다음 한자의 반대되는 한자를 골라 번호를 쓰시오.

| ① 川 | ② 外 | ③ 地 | ④ 室 |

65. 山 - (　　)　　66. 內 - (　　)

※다음 한자어의 뜻을 쓰시오.

67. 農村 : (　　　　　　　　　　)

68. 色紙 : (　　　　　　　　　　)

※다음 漢字에서 진하게 표시한 획은 몇 번째 쓰는지 <보기>에서 찾아 그 번호를 쓰시오.

| ①1번째 | ②2번째 | ③3번째 | ④4번째 |
| ⑤5번째 | ⑥6번째 | ⑦7번째 | ⑧8번째 |

69. (　　　)　　70. (　　　)

先　　市

☀ 보너스문제 ☀

☺예문을 참고하여 빈칸에 한자로 써 보세요☺

老母　年老　江南　東方　空軍　同數　國立　問答
出生　民主　七夕　八寸　家門　火力　工夫　洞長
校歌　木手　電車　百姓　前後　上午　正道　食口
祖父　一心　重大　入場　中秋　住所　千萬　休日

老	
年	
江	
東	
空	
同	
國	
問	
出	
民	
七	
八	
家	
火	
工	
洞	

校	
木	
電	
百	
前	
上	
正	
食	
祖	
一	
重	
入	
中	
住	
千	
休	

얼~쑤

70점 만점에
49점 이상 합격!

/70

전국한자능력검정시험 7급 답안지(1)

번호	답안란	채점	번호	답안란	채점	번호	답안란	채점	번호	답안란	채점
1			9			17			25		
2			10			18			26		
3			11			19			27		
4			12			20			28		
5			13			21			29		
6			14			22			30		
7			15			23			31		
8			16			24			32		

※뒷면으로 이어짐

······················ 절 취 선 ······················

성명 [   ]

7Ⅱ ①   江(   )   記(   )   農(   )

▽   車(   )   氣(   )   答(   )

家(   )   空(   )   男(   )

間(   )   工(   )   內(   )

성명 [   ]

7Ⅱ ②		力 (	)	物 (	)	上 (	)
▽		立 (	)	方 (	)	姓 (	)
道 (	)	每 (	)	不 (	)		
動 (	)	名 (	)	事 (	)		

·························· 절 취 선 ··························

전국한자능력검정시험 7급 답안지(2)

번호	답안란	채점	번호	답안란	채점	번호	답안란	채점	번호	답안란	채점
33			43			53			63		
34			44			54			64		
35			45			55			65		
36			46			56			66		
37			47			57			67		
38			48			58			68		
39			49			59			69		
40			50			60			70		
41			51			61					
42			52			62					

검토하고 제출하십시오.

/70

성명 [   ]

第6回 한자능력검정시험 7급

(시험시간 : 50분) 시험시작시간   時   分
시험종료시간   時   分

※다음 한자어의 音(음)을 쓰시오.

1. 林立(*   )   2. 山林(   )
3. 市內(   )   4. 名人(   )
5. 先祖(   )   6. 每時(   )
7. 間食(   )   8. 少年(   )
9. 農土(   )   10. 生命(   )
11. 下車(   )   12. 休電(   )
13. 工事(   )   14. 算數(   )
15. 金色(   )   16. 家長(   )
17. 萬物(   )   18. 方正(   )
19. 百千(   )   20. 白軍(   )

21. 교실 出入 시는 조용히 하자.
　……………………………(   )
22. 나는 活動적인 것을 좋아한다.
　……………………………(   )
23. 교복도 春秋용이 있다.
　……………………………(   )
24. 가족은 所重한 것이다.
　……………………………(   )
25. 귀농을 하고 村夫가 되었다.
　……………………………(   )
26. 花草 가꾸기에는 정성이 든다.
　……………………………(   )
27. 정일품 소나무는 天然기념물이다.
　……………………………(   )
28. 방학 午前은 운동을 해야지.
　……………………………(   )
29. 시골은 空氣가 참 좋다.
　……………………………(   )

30. 水中보트를 타고 신나게 달렸다.
　……………………………(   )
31. 집을 사고 登記를 한다.
　……………………………(   )
32. 건물 全面을 밝게 칠하다.
　……………………………(   )

※다음 한자의 訓(훈:뜻)과 音(음:소리)을 쓰시오.

33. 口(   )   34. 川(   )
35. 冬(   )   36. 便(   )
37. 心(   )   38. 紙(   )
39. 語(   )   40. 夏(   )
41. 住(   )   42. 老(   )
43. 主(   )   44. 來(   )
45. 歌(   )   46. 洞(   )
47. 江(   )   48. 外(   )
49. 旗(   )   50. 字(   )
51. 男(   )   52. 學(   )

※다음 밑줄 친 단어의 한자어를 골라 번호를 쓰시오.

① 國民　② 民國　③ 南北　④ 北南

53. 대한민국 …………(   )
54. 동서남북 …………(   )

자꾸 공부 하고픈 책 모의고사문제집

7급 제6회

※다음 훈과 음에 맞는 한자를 골라 번호를 쓰시오.

① 邑 ② 姓 ③ 植 ④ 文 ⑤ 世
⑥ 育 ⑦ 里 ⑧ 有 ⑨ 問 ⑩ 地

55. 고을 읍 (   )   56. 성   성 (   )

57. 기를 육 (   )   58. 마을 리 (   )

59. 있을 유 (   )   60. 글월 문 (   )

61. 심을 식 (   )   62. 물을 문 (   )

63. 인간 세 (   )   64. 땅   지 (   )

※다음 한자의 반대되는 한자를 골라 번호를 쓰시오.

① 話   ② 右   ③ 後   ④ 足

65. 手 - (   )   66. 左 - (   )

※다음 한자어의 뜻을 쓰시오.

67. 同門:(   )

68. 夕月:(   )

※다음 漢字에서 진하게 표시한 획은 몇 번째 쓰는지
<보기>에서 찾아 그 번호를 쓰시오.

①1번째   ②2번째   ③3번째   ④4번째   ⑤5번째
⑥6번째   ⑦7번째   ⑧8번째   ⑨9번째   ⑩10번째

69. (   )   70. (   )

道   安

☀ 보너스문제 ☀

☺다음 한자어의 뜻을 써 보세요☺

※앞에서부터 풀이합니다.

市內 :

名人 :

先祖 :

每時 :

間食 :

少年 :

農土 :

生命 :

※뒤에서부터 풀이합니다.

下車 :

休電 :

▷市內 : 도시의 안.   ▷少年 : 적은 나이의 남자아이.
▷名人 : 이름난 사람.   ▷農土 : 농사짓는 땅.
▷先祖 : 먼저 돌아가신 조상. ▷生命 : 살아있는 목숨.
▷每時 : 매시간.   ▷下車 : 차에서 내림.
▷間食 : 사이에 먹는 음식.   ▷休電 : 전기를 끊음.

얼~쑤

70점 만점에
49점 이상 합격!

/70

전국한자능력검정시험 7급 답안지(1)

번호	답안란	번호	답안란	번호	답안란	번호	답안란
1		9		17		25	
2		10		18		26	
3		11		19		27	
4		12		20		28	
5		13		21		29	
6		14		22		30	
7		15		23		31	
8		16		24		32	

※뒷면으로 이어짐

·········· 절 취 선 ··········

성명 [   ]

7Ⅱ ③

▽

	時 (　　)	午 (　　)	場 (　　)
	市 (　　)	右 (　　)	電 (　　)
世 (　　)	食 (　　)	自 (　　)	前 (　　)
手 (　　)	安 (　　)	子 (　　)	全 (　　)

7Ⅱ ④　　左 (　　　　) 漢 (　　　　) 孝 (　　　　)

▽　　直 (　　　　) 海 (　　　　) 後 (　　　　)

正 (　　　　) 平 (　　　　) 話 (　　　　)

足 (　　　　) 下 (　　　　) 活 (　　　　)

······················· 절 취 선 ·······················

전국한자능력검정시험　7급　답안지(2)

번호	답안란	채점	번호	답안란	채점	번호	답안란	채점	번호	답안란	채점
33			43			53			63		
34			44			54			64		
35			45			55			65		
36			46			56			66		
37			47			57			67		
38			48			58			68		
39			49			59			69		
40			50			60			70		
41			51			61			검토하고 제출하십시오.		
42			52			62			/70		

第7回 한자능력검정시험 7급

(시험시간 : 50분) 시험시작시간　時　分
시험종료시간　時　分

※다음 한자어의 音(음)을 쓰시오.

1. 立場(   )　2. 國立(   )
3. 便紙(   )　4. 祖母(   )
5. 八道(   )　6. 正直(   )
7. 家事(   )　8. 人命(   )
9. 校門(   )　10. 同時(   )
11. 敎室(   )　12. 安住(   )
13. 千年(   )　14. 前方(   )
15. 春秋(   )　16. 長江(   )
17. 軍旗(   )　18. 日出(   )
19. 孝子(   )　20. 天氣(   )

21. 살아 있는 동식물을 活物이라 한다.
 ……………………………(   )
22. 줄타기는 中心을 잘 잡아야 한다.
 ……………………………(   )
23. 옛날엔 火車가 있었다.
 ……………………………(   )
24. 내가 잘할 수 있는 일에 主力한다.
 ……………………………(   )
25. 언니가 시집을 가니 兄夫가 생겼다.
 ……………………………(   )
26. 해가 뜨고 지는 東西쪽.
 ……………………………(   )
27. 海外에 사는 동포들이 많다.
 ……………………………(   )
28. 오늘 洞民 단합대회가 있다.
 ……………………………(   )
29. 황토로 된 土地에는 농사가 잘된다.
 ……………………………(   )

30. 여름날 午後는 꽤 덥다.
 ……………………………(   )
31. 봄날의 靑山이 나를 부른다.
 ……………………………(   )
32. 草木이 우거진 숲속.
 ……………………………(   )

※다음 한자의 訓(훈:뜻)과 音(음:소리)을 쓰시오.

33. 歌(   )　34. 入(   )
35. 冬(   )　36. 重(   )
37. 百(   )　38. 夕(   )
39. 算(   )　40. 語(   )
41. 里(   )　42. 數(   )
43. 林(   )　44. 有(   )
45. 然(   )　46. 育(   )
47. 休(   )　48. 字(   )
49. 花(   )　50. 文(   )
51. 村(   )　52. 夏(   )

※다음 밑줄 친 단어의 한자어를 골라 번호를 쓰시오.

① 間食　② 邑面　③ 問答　④ 色動

53. 간식으로 과일이 좋다. ………(   )
54. 투표를 하기 위해 읍면 사람들이 다 모였다.(   )

자꾸 공부 하고픈 책 모의고사문제집

※다음 훈과 음에 맞는 한자를 골라 번호를 쓰시오.

①全 ②右 ③登 ④學 ⑤話
⑥弟 ⑦植 ⑧命 ⑨電 ⑩左

55. 말씀 화 ( )   56. 왼 좌 ( )

57. 온전 전 ( )   58. 번개 전 ( )

59. 오른 우 ( )   60. 심을 식 ( )

61. 오를 등 ( )   62. 목숨 명 ( )

63. 배울 학 ( )   64. 아우 제 ( )

※다음 한자의 반대되는 한자를 골라 번호를 쓰시오.

①少 ②小 ③所 ④六

65. 大 - ( )   66. 老 - ( )

※다음 한자어의 뜻을 쓰시오.

67. 不便 : ( )

68. 來韓 : ( )

※다음 漢字에서 진하게 표시한 획은 몇 번째 쓰는지 <보기>에서 찾아 그 번호를 쓰시오.

①1번째 ②2번째 ③3번째 ④4번째
⑤5번째 ⑥6번째 ⑦7번째 ⑧8번째

69. ( )   70. ( )

平   內

☼ 보너스문제 ☼

☺단어가 되도록 줄로 잇고 빈칸에 한자로 써 보세요☺

便 ∘   ∘ 母 ⇨ [   ]
祖 ∘   ∘ 紙 ⇨ [   ]
八 ∘   ∘ 道 ⇨ [   ]
正 ∘   ∘ 事 ⇨ [   ]
家 ∘   ∘ 直 ⇨ [   ]
人 ∘   ∘ 門 ⇨ [   ]
校 ∘   ∘ 命 ⇨ [   ]
同 ∘   ∘ 時 ⇨ [   ]
教 ∘   ∘ 住 ⇨ [   ]
安 ∘   ∘ 室 ⇨ [   ]

▷便紙 : 편리하게 쓰는 종이.   ▷人命 : 사람의 목숨.
▷祖母 : 할머니.   ▷校門 : 학교의 문.
▷八道 : 여덟 개의 도.   ▷同時 : 같은 시간.
▷正直 : 바르고 곧음.   ▷教室 : 가르치는 방.
▷家事 : 집안 일.   ▷安住 : 편안히 삶.

얼~쑤

70점 만점에
49점 이상 합격!

/70

■ 사단법인 한국어문회·한자능력검정회 주관

수험번호 □□□-□□-□□□□
성명 □□□□□
주민등록번호 □□□□□□-□□□□□□□
※ 유성 싸인펜, 붉은색 필기구 사용 불가.

※답안지는 컴퓨터로 처리되므로 구기거나 더럽히지 마시고, 정답 칸 안에만 쓰십시오. 글씨가 채점란으로 들어오면 오답처리가 됩니다.

전국한자능력검정시험 7급 답안지(1)

번호	답안란	채점	번호	답안란	채점	번호	답안란	채점	번호	답안란	채점
1			9			17			25		
2			10			18			26		
3			11			19			27		
4			12			20			28		
5			13			21			29		
6			14			22			30		
7			15			23			31		
8			16			24			32		

※뒷면으로 이어짐

·· 절 취 선 ··

성명 [   ]

7Ⅱ ①

강   강 (   ) 기록할 기 (   ) 농사 농 (   )

▽

수레 거 (   ) 기운 기 (   ) 대답 답 (   )

집   가 (   ) 빌   공 (   ) 사내 남 (   )

사이 간 (   ) 장인 공 (   ) 안   내 (   )

성명 [   ]

7Ⅱ ②		힘 력 (	)	물건 물 (	)	위 상 (	)
	▽	설 립 (	)	모 방 (	)	성 성 (	)
길 도 (	)	매양 매 (	)	아닐 불 (	)		
움직일 동 (	)	이름 명 (	)	일 사 (	)		

·························· 절 취 선 ··························

전국한자능력검정시험 7급   답안지(2)

번호	답안란	채점	번호	답안란	채점	번호	답안란	채점	번호	답안란	채점
33			43			53			63		
34			44			54			64		
35			45			55			65		
36			46			56			66		
37			47			57			67		
38			48			58			68		
39			49			59			69		
40			50			60			70		
41			51			61			검토하고 제출하십시오.		
42			52			62			/70		

第8回 한자능력검정시험 7급

(시험시간 : 50분) 시험시작시간 時 分
시험종료시간 時 分

※다음 한자어의 音(음)을 쓰시오.

1. 里長( )
2. 洞里( )
3. 草家( )
4. 全國( )
5. 弟夫( )
6. 白紙( )
7. 大食( )
8. 同名( )
9. 出土( )
10. 記事( )
11. 每日( )
12. 邑面( )
13. 正午( )
14. 母女( )
15. 左右( )
16. 世上( )
17. 地方( )
18. 市立( )
19. 車主( )
20. 植木( )

21. 이번 운동회는 靑軍이 이겼다. ( )
22. 人間으로 지켜할 도리가 있다. ( )
23. 황사현상으로 休校 조치령이 떨어졌다. ( )
24. 정전으로 工場 가동이 중지되다. ( )
25. 歌手는 자신의 히트곡이 있다. ( )
26. 얼굴이 항상 春色이다. ( )
27. 男子들은 의리를 지켜야 한다. ( )
28. 江村에서 살고 싶어요. ( )
29. 南山위에 저 소나무. ( )
30. 시험응시자는 8시까지 入室 해 주세요. ( )
31. 긴 장마로 農民들의 마음이 우울하다. ( )
32. 곧 있으면 秋夕이 다가온다. ( )

※다음 한자의 訓(훈:뜻)과 音(음:소리)을 쓰시오.

33. 空( )
34. 住( )
35. 口( )
36. 千( )
37. 旗( )
38. 祖( )
39. 氣( )
40. 林( )
41. 花( )
42. 百( )
43. 登( )
44. 川( )
45. 來( )
46. 冬( )
47. 老( )
48. 便( )
49. 夏( )
50. 所( )
51. 直( )
52. 後( )

※다음 밑줄 친 단어의 한자어를 골라 번호를 쓰시오.

① 活動 ② 少女 ③ 少年 ④ 重力

53. 철수는 꿈 많은 소년이다. ( )
54. 나는 합창부 활동을 하고 있다. ( )

자꾸 공부 하고픈 책 모의고사문제집　　　　7급 제8회

※다음 훈과 음에 맞는 한자를 골라 번호를 쓰시오.

① 字	② 西	③ 時	④ 心	⑤ 五
⑥ 數	⑦ 寸	⑧ 育	⑨ 語	⑩ 然

55. 셈　수 (　　　)　　56. 때　시 (　　　)

57. 마음 심 (　　　)　　58. 글자 자 (　　　)

59. 기를 육 (　　　)　　60. 서녘 서 (　　　)

61. 다섯 오 (　　　)　　62. 마디 촌 (　　　)

63. 그럴 연 (　　　)　　64. 말씀 어 (　　　)

※다음 한자의 반대되는 한자를 골라 번호를 쓰시오.

① 學	② 文	③ 答	④ 算

65. 問 – (　　　)　　66. 敎 – (　　　)

※다음 한자어의 뜻을 쓰시오.

67. 天命 : (　　　　　　　　　　)

68. 孝道 : (　　　　　　　　　　)

※다음 漢字에서 진하게 표시한 획은 몇 번째 쓰는지 <보기>에서 찾아 그 번호를 쓰시오.

①1번째	②2번째	③3번째	④4번째
⑤5번째	⑥6번째	⑦7번째	⑧8번째

69. (　　　)　　70. (　　　)

文　　　有

☀ 보너스문제 ☀

☺단어가 되도록 가로와 세로로 묶고 뜻도 써 보세요☺

全	國	草	家
白	弟	夫	記
紙	大	食	事
同	名	出	土

草家 :

全國 :

弟夫 :

白紙 :

大食 :

同名 :

出土 :

記事 :

▷草家 : 풀 종류를 엮어 지은 집.　▷大食 : 많이 먹음.
▷全國 : 온 나라.　　　　　　　　▷同名 : 같은 이름.
▷弟夫 : 동생의 남편.　　　　　　▷出土 : 흙에서 나옴.
▷白紙 : 흰 종이.　　　　　　　　▷記事 : 기록하는 일.

얼~쑤

70점 만점에
49점 이상 합격!

/70

■ 사단법인 한국어문회·한자능력검정회 주관

수험번호 □□□-□□-□□□□　　　성명 □□□□□
주민등록번호 □□□□□□-□□□□□□□
※ 유성 싸인펜, 붉은색 필기구 사용 불가.
※답안지는 컴퓨터로 처리되므로 구기거나 더럽히지 마시고, 정답 칸 안에만 쓰십시오. 글씨가 채점란으로 들어오면 오답처리가 됩니다.

전국한자능력검정시험　7급　답안지(1)

번호	답안란	채점	번호	답안란	채점	번호	답안란	채점	번호	답안란	채점
1			9			17			25		
2			10			18			26		
3			11			19			27		
4			12			20			28		
5			13			21			29		
6			14			22			30		
7			15			23			31		
8			16			24			32		

※ 뒷면으로 이어짐

················· 절 취 선 ·················

성명 [　　　　　　　　　]

7Ⅱ ③	때　시 (　　)	낮　오 (　　)	마당 장 (　　)
▽	저자 시 (　　)	오른 우 (　　)	번개 전 (　　)
인간 세 (　　)	먹을 식 (　　)	스스로자 (　　)	앞　전 (　　)
손　수 (　　)	편안 안 (　　)	아들 자 (　　)	온전 전 (　　)

성명 [   ]

7Ⅱ ④	왼 좌 ( )	한수 한 ( )	효도 효 ( )
▽	곧을 직 ( )	바다 해 ( )	뒤 후 ( )
바를 정 ( )	평평할평 ( )	말씀 화 ( )	
발 족 ( )	아래 하 ( )	살 활 ( )	

·· 절 취 선 ··

전국한자능력검정시험 7급   답안지(2)

번호	답안란	채점	번호	답안란	채점	번호	답안란	채점	번호	답안란	채점
33			43			53			63		
34			44			54			64		
35			45			55			65		
36			46			56			66		
37			47			57			67		
38			48			58			68		
39			49			59			69		
40			50			60			70		
41			51			61			검토하고 제출하십시오.		
42			52			62			/70		

7級 II ▷중간점검용◁

① 家( )　② 名( )　③ 場( )
間( )　物( )　電( )
江( )　方( )　前( )
車( )　不( )　全( )
空( )　事( )　正( )
工( )　上( )　足( )
記( )　姓( )　左( )
氣( )　世( )　直( )
男( )　手( )　平( )
內( )　時( )　下( )
農( )　市( )　漢( )
答( )　食( )　海( )
道( )　安( )　話( )
動( )　午( )　活( )
力( )　右( )　孝( )
立( )　自( )　後( )
每( )　子( )

성명 [   ]

7級 Ⅱ   ▷중간점검용◁   정답 91쪽

①	②	③
집 가 ( )	이름 명 ( )	마당 장 ( )
사이 간 ( )	물건 물 ( )	번개 전 ( )
강 강 ( )	모 방 ( )	앞 전 ( )
수레 거 수레 차 ( )	아닐 불 아닐 부 ( )	온전 전 ( )
빌 공 ( )	일 사 ( )	바를 정 ( )
장인 공 ( )	위 상 ( )	발 족 ( )
기록할 기 ( )	성 성 ( )	왼 좌 ( )
기운 기 ( )	인간 세 ( )	곧을 직 ( )
사내 남 ( )	손 수 ( )	평평할 평 ( )
안 내 ( )	때 시 ( )	아래 하 ( )
농사 농 ( )	저자 시 ( )	한수 한 ( )
대답 답 ( )	먹을 식 ( )	바다 해 ( )
길 도 ( )	편안 안 ( )	말씀 화 ( )
움직일 동 ( )	낮 오 ( )	살 활 ( )
힘 력 ( )	오른 우 ( )	효도 효 ( )
설 립 ( )	스스로 자 ( )	뒤 후 ( )
매양 매 ( )	아들 자 ( )	7Ⅱ

- 40 -

7Ⅱ 중간점검용 [한자]

第9回 한자능력검정시험 7급

(시험시간 : 50분) 시험시작시간　時　分
시험종료시간　時　分

※다음 한자어의 音(음)을 쓰시오.

1. 十月(　　)　2. 六月(　　)
3. 漢字(　　)　4. 地方(　　)
5. 日記(　　)　6. 千金(　　)
7. 自立(　　)　8. 天命(　　)
9. 電氣(　　)　10. 花草(　　)
11. 全力(　　)　12. 歌手(　　)
13. 市民(　　)　14. 空中(　　)
15. 食事(　　)　16. 敎育(　　)
17. 午後(　　)　18. 國語(　　)
19. 外來(　　)　20. 軍人(　　)

21. 청각장애인과는 <u>手話</u>로.
　……………………(　　　)
22. 중국의 양자강을 <u>長江</u>이라고도 한다.
　……………………(　　　)
23. <u>數學</u>시간엔 조는 아이가 많다.
　……………………(　　　)
24. 공공<u>場所</u>에선 조용히 합시다.
　……………………(　　　)
25. <u>水道</u>관이 터져서 물이 흘렀다.
　……………………(　　　)
26. <u>邑內</u>에는 오락실이 있다.
　……………………(　　　)
27. <u>姓名</u>은 부모님께서 지어 주셨다.
　……………………(　　　)
28. <u>時間</u>이 바쁠수록 여유를 가지고.
　……………………(　　　)
29. 우리나라 <u>色紙</u>는 너무 아름다워.
　……………………(　　　)

30. <u>安住</u> 할 수 있는 마음.
　……………………(　　　)
31. <u>同生</u>은 귀엽다.
　……………………(　　　)
32. 가을엔 <u>農家</u>가 한창 바쁠 때이다.
　……………………(　　　)

※다음 한자의 訓(훈:뜻)과 音(음:소리)을 쓰시오.

33. 冬(　　)　34. 夫(　　)
35. 洞(　　)　36. 重(　　)
37. 文(　　)　38. 主(　　)
39. 有(　　)　40. 祖(　　)
41. 入(　　)　42. 秋(　　)
43. 然(　　)　44. 春(　　)
45. 夕(　　)　46. 出(　　)
47. 里(　　)　48. 便(　　)
49. 林(　　)　50. 休(　　)
51. 面(　　)　52. 夏(　　)

※다음 밑줄 친 단어의 한자어를 골라 번호를 쓰시오.

① 東問　② 老少　③ 男女　④ 西答

53. 동문<u>서답</u> ……………(　　　)
54. 남녀<u>노소</u> ……………(　　　)

자꾸 공부 하고픈 책 모의고사문제집　　　　　　　　7급 제9회

※다음 훈과 음에 맞는 한자를 골라 번호를 쓰시오.

①白 ②百 ③直 ④心 ⑤算
⑥村 ⑦寸 ⑧植 ⑨世 ⑩登

55. 마디 촌 (　　)　　56. 마음 심 (　　)

57. 마을 촌 (　　)　　58. 인간 세 (　　)

59. 일백 백 (　　)　　60. 오를 등 (　　)

61. 흰 백 (　　)　　62. 셈 산 (　　)

63. 심을 식 (　　)　　64. 곧을 직 (　　)

※다음 한자의 반대되는 한자를 골라 번호를 쓰시오.

①北　②正　③東　④下

65. 南 -(　　　)　　66. 上 -(　　　)

※다음 한자어의 뜻을 쓰시오.

67. 校旗 :(　　　　　　　　)

68. 萬物 :(　　　　　　　　)

※다음 漢字에서 진하게 표시한 획은 몇 번째 쓰는지 <보기>에서 찾아 그 번호를 쓰시오.

①1번째　②2번째　③3번째　④4번째
⑤5번째　⑥6번째　⑦7번째　⑧8번째

69. (　　　)　　70. (　　　)

車　出

☀ 보너스문제 ☀

☺예문을 참고하여 빈칸에 한자로 써 보세요☺

十月　六月　漢字　地方　日記　千金　自立　天命
電氣　花草　全力　歌手　市民　空中　食事　教育
午後　國語　外來　軍人　手話　長江　數學　場所
水道　邑內　姓名　時間　色紙　安住　同生　農家

十		午	
六		國	
漢		外	
地		軍	
日		手	
千		長	
自		數	
天		場	
電		水	
花		邑	
全		姓	
歌		時	
市		色	
空		安	
食		同	
教		農	

70점 만점에
49점 이상 합격!

/70

- 42 -

■ 사단법인 한국어문회·한자능력검정회 주관

수험번호 □□□-□□-□□□□
성명 □□□□□
주민등록번호 □□□□□□-□□□□□□□
※ 유성 싸인펜, 붉은색 필기구 사용 불가.

※답안지는 컴퓨터로 처리되므로 구기거나 더럽히지 마시고, 정답 칸 안에만 쓰십시오. 글씨가 채점란으로 들어오면 오답처리가 됩니다.

전국한자능력검정시험 7급 답안지(1)

번호	답안란	채점	번호	답안란	채점	번호	답안란	채점	번호	답안란	채점
1			9			17			25		
2			10			18			26		
3			11			19			27		
4			12			20			28		
5			13			21			29		
6			14			22			30		
7			15			23			31		
8			16			24			32		

※뒷면으로 이어짐

·············· 절 취 선 ··············

성명 [   ]

8급 ①   九(   )   南(   )   東(   )

   ▽   國(   )   女(   )   六(   )

敎(   )   軍(   )   年(   )   萬(   )

校(   )   金(   )   大(   )

성명 [   ]

8급 ②	門( )	北( )	生( )
▽	民( )	四( )	西( )
母( )	白( )	山( )	先( )
木( )	父( )	三( )	

················· 절 취 선 ·················

전국한자능력검정시험 7급 답안지(2)

번호	답안란	채점	번호	답안란	채점	번호	답안란	채점	번호	답안란	채점
33			43			53			63		
34			44			54			64		
35			45			55			65		
36			46			56			66		
37			47			57			67		
38			48			58			68		
39			49			59			69		
40			50			60			70		
41			51			61			검토하고 제출하십시오.		
42			52			62			/70		

第10回 한자능력검정시험 7급

(시험시간 : 50분)

※다음 한자어의 音(음)을 쓰시오.

1. 力動( )
2. 重力( )
3. 主食( )
4. 中立( )
5. 父女( )
6. 海草( )
7. 名物( )
8. 車道( )
9. 南門( )
10. 紙面( )
11. 來韓( )
12. 出家( )
13. 大學( )
14. 生育( )
15. 洞口( )
16. 靑色( )
17. 萬里( )
18. 平安( )
19. 每年( )
20. 下午( )

21. 사람은 文字를 사용한다. ( )
22. 지극한 孝心으로 간병하다. ( )
23. 아이를 百方으로 찾아 헤맸다. ( )
24. 위대한 사람은 後世에까지 이름을 날린다. ( )
25. 요즘 電話 벨소리가 다양하다. ( )
26. 가을밤 夕月이 밝다. ( )
27. 객관식 시험의 正答은 단 하나. ( )
28. 그 사람은 나의 手足 같았다. ( )
29. 어느 날 弟子가 찾아왔다. ( )
30. 自然은 살아 숨쉰다. ( )
31. 祖上을 잘 모셔야 한다. ( )
32. 空軍은 비행연습을 많이 한다. ( )

※다음 한자의 訓(훈:뜻)과 音(음:소리)을 쓰시오.

33. 活( )
34. 旗( )
35. 花( )
36. 事( )
37. 全( )
38. 登( )
39. 老( )
40. 校( )
41. 歌( )
42. 少( )
43. 問( )
44. 入( )
45. 算( )
46. 川( )
47. 命( )
48. 千( )
49. 林( )
50. 天( )
51. 地( )
52. 室( )

※다음 밑줄 친 단어의 한자어를 골라 번호를 쓰시오.

① 村夫　② 農村　③ 市場　④ 時間

53. 농촌은 살기 좋은 마을이다. …… ( )
54. 물건을 사러 시장에 갔다. ……… ( )

자꾸 공부 하고픈 책 모의고사문제집　　　　　　7급 제10회

※다음 훈과 음에 맞는 한자를 골라 번호를 쓰시오.

① 邑　② 數　③ 右　④ 有　⑤ 兄
⑥ 金　⑦ 記　⑧ 植　⑨ 語　⑩ 姓

55. 쇠　금 (　　)　56. 형　형 (　　)

57. 고을　읍 (　　)　58. 있을　유 (　　)

59. 오른　우 (　　)　60. 말씀　어 (　　)

61. 심을　식 (　　)　62. 셈　수 (　　)

63. 성　성 (　　)　64. 기록할기 (　　)

※다음 한자의 반대되는 한자를 골라 번호를 쓰시오.

① 同　② 秋　③ 東　④ 冬

65. 夏 - (　　　)　66. 春 - (　　　)

※다음 한자어의 뜻을 쓰시오.

67. 住所 : (　　　　　　　　)

68. 休日 : (　　　　　　　　)

※다음 漢字에서 진하게 표시한 획은 몇 번째 쓰는지
　<보기>에서 찾아 그 번호를 쓰시오.

①1번째　②2번째　③3번째　④4번째
⑤5번째　⑥6번째　⑦7번째　⑧8번째

69. (　　　)　70. (　　　)

世　年

☼ 보너스문제 ☼

☺다음 한자어의 뜻을 써 보세요☺

※앞에서부터 풀이합니다.

主食 :

中立 :

父女 :

海草 :

名物 :

車道 :

南門 :

紙面 :

※뒤에서부터 풀이합니다.

來韓 :

出家 :

▷主食 : 주된 음식.　▷車道 : 차가 다니는 길.
▷中立 : 가운데 섬.　▷南門 : 남쪽의 문.
▷父女 : 아버지와 딸.　▷紙面 : 종이의 면.
▷海草 : 바다 속의 풀.　▷來韓 : 한국에 옴.
▷名物 : 이름난 물건.　▷出家 : 집에서 나감.

얼~쑤

70점 만점에
49점 이상 합격!

/70

- 46 -

■ 사단법인 한국어문회·한자능력검정회 주관

수험번호 □□□-□□-□□□□ 성명 □□□□□
주민등록번호 □□□□□□-□□□□□□□
※ 유성 싸인펜, 붉은색 필기구 사용 불가.

※답안지는 컴퓨터로 처리되므로 구기거나 더럽히지 마시고, 정답 칸 안에만 쓰십시오. 글씨가 채점란으로 들어오면 오답처리가 됩니다.

전국한자능력검정시험 7급 답안지(1)

번호	답안란	채점	번호	답안란	채점	번호	답안란	채점	번호	답안란	채점
1			9			17			25		
2			10			18			26		
3			11			19			27		
4			12			20			28		
5			13			21			29		
6			14			22			30		
7			15			23			31		
8			16			24			32		

※뒷면으로 이어짐

·· 절 취 선 ··

성명 [   ]

8급 ③

▽

室 (　　) 外 (　　) 日 (　　)
十 (　　) 月 (　　) 一 (　　)
小 (　　) 五 (　　) 二 (　　) 長 (　　)
水 (　　) 王 (　　) 人 (　　)

성명 [   ]

8급 ④

	寸 ( )	學 ( )
弟 ( )	七 ( )	韓 ( )
中 ( )	土 ( )	兄 ( )
靑 ( )	八 ( )	火 ( )

··· 절 취 선 ···

전국한자능력검정시험 7급 답안지(2)

번호	답안란	채점	번호	답안란	채점	번호	답안란	채점	번호	답안란	채점
33			43			53			63		
34			44			54			64		
35			45			55			65		
36			46			56			66		
37			47			57			67		
38			48			58			68		
39			49			59			69		
40			50			60			70		
41			51			61				검토하고 제출하십시오.	
42			52			62				/70	

第11回 한자능력검정시험 7급

(시험시간 : 50분)

시험시작시간 　時　　分
시험종료시간 　時　　分

※다음 한자어의 音(음)을 쓰시오.

1. 老母(　)
2. 手記(　)
3. 名答(　)
4. 外國(　)
5. 孝心(　)
6. 主動(　)
7. 全軍(　)
8. 洞口(　)
9. 登校(　)
10. 不正(　)
11. 世上(　)
12. 敎育(　)
13. 農夫(　)
14. 天然(　)
15. 人便(　)
16. 生活(　)
17. 江山(　)
18. 白旗(　)
19. 植民(　)
20. 場所(　)

21. 신문 紙面에 큰 기사가 났다.
　　　　　　　　　　(　)
22. 數學 시험이 까다롭게 출제되었다.
　　　　　　　　　　(　)
23. 邑內 우체국에 나갔다왔다.
　　　　　　　　　　(　)
24. 우리는 삼兄弟이다.
　　　　　　　　　　(　)
25. 그 사람은 下午 7시에 서울을 떠났다.
　　　　　　　　　　(　)
26. 自足하는 생활로 행복하게 살자.
　　　　　　　　　　(　)
27. 休日에는 교외로 나간다.
　　　　　　　　　　(　)
28. 현실에 대한 安住만이 능사가 아니다.
　　　　　　　　　　(　)
29. 학문에는 王道가 없다.
　　　　　　　　　　(　)

30. 그 곳은 四方이 확 트여있다.
　　　　　　　　　　(　)
31. 家門에 누를 끼치지 않겠다.
　　　　　　　　　　(　)
32. 우리 집안의 先祖는 훌륭하신 분이다.
　　　　　　　　　　(　)

※다음 한자의 訓(훈:뜻)과 音(음:소리)을 쓰시오.

33. 出(　)
34. 色(　)
35. 歌(　)
36. 語(　)
37. 同(　)
38. 來(　)
39. 里(　)
40. 字(　)
41. 命(　)
42. 算(　)
43. 重(　)
44. 地(　)
45. 百(　)
46. 春(　)
47. 夕(　)
48. 夏(　)
49. 村(　)
50. 少(　)
51. 川(　)
52. 問(　)

※다음 밑줄 친 단어의 한자어를 골라 번호를 쓰시오.

① 大韓　② 秋冬　③ 先後　④ 左右

53. 나는 자랑스러운 대한의 아들이다.(　)
54. 우리나라는 춘하추동이 뚜렷하다.(　)

자꾸 공부 하고픈 책 모의고사문제집　　　　　　　　7급 제11회

※다음 훈과 음에 맞는 한자를 골라 번호를 쓰시오.

| ① 金　② 平　③ 林　④ 工　⑤ 有 |
| ⑥ 草　⑦ 年　⑧ 時　⑨ 花　⑩ 直 |

55. 수풀 림 (　　)　56. 때 시 (　　)

57. 장인 공 (　　)　58. 해 년 (　　)

59. 꽃 화 (　　)　60. 평평할평 (　　)

61. 곧을 직 (　　)　62. 성 김 (　　)

63. 있을 유 (　　)　64. 풀 초 (　　)

※다음 한자의 반대되는 한자를 골라 번호를 쓰시오.

| ① 母　② 民　③ 男　④ 後 |

65. 前 - (　　)　66. 父 - (　　)

※다음 한자어의 뜻을 쓰시오.

67. 長男 : (　　　　　　　　)

68. 每月 : (　　　　　　　　)

※다음 漢字에서 진하게 표시한 획은 몇 번째 쓰는지 <보기>에서 찾아 그 번호를 쓰시오.

| ①1번째　②2번째　③3번째　④4번째　⑤5번째　⑥6번째 |
| ⑦7번째　⑧8번째　⑨9번째　⑩10번째　⑪11번째　⑫12번째 |

69. (　　)　70. (　　)

國　　西

☼ 보너스문제 ☼

☺단어가 되도록 줄로 잇고 빈칸에 한자로 써 보세요☺

老 ∘	∘ 記	⇨
手 ∘	∘ 母	⇨
名 ∘	∘ 答	⇨
外 ∘	∘ 心	⇨
孝 ∘	∘ 國	⇨
主 ∘	∘ 軍	⇨
全 ∘	∘ 動	⇨
洞 ∘	∘ 口	⇨
登 ∘	∘ 正	⇨
不 ∘	∘ 校	⇨

▷老母 : 늙은 어머니.　　▷主動 : 주되게 움직임.
▷手記 : 손으로 기록함.　▷全軍 : 전체의 군인.
▷名答 : 아주 잘한 대답.　▷洞口 : 고을 입구.
▷外國 : 바깥나라.　　　▷登校 : 학교길에 오름.
▷孝心 : 효도하는 마음.　▷不正 : 바르지 않음.

얼~쑤

70점 만점에
49점 이상 합격!

/70

- 50 -

■ 사단법인 한국어문회·한자능력검정회 주관

수험번호 □□□-□□-□□□□□
성명 □□□□□
주민등록번호 □□□□□□-□□□□□□□
※ 유성 싸인펜, 붉은색 필기구 사용 불가.

※답안지는 컴퓨터로 처리되므로 구기거나 더럽히지 마시고, 정답 칸 안에만 쓰십시오. 글씨가 채점란으로 들어오면 오답처리가 됩니다.

전국한자능력검정시험 7급 답안지(1)

번호	답안란	채점	번호	답안란	채점	번호	답안란	채점	번호	답안란	채점
1			9			17			25		
2			10			18			26		
3			11			19			27		
4			12			20			28		
5			13			21			29		
6			14			22			30		
7			15			23			31		
8			16			24			32		

※뒷면으로 이어짐

················· 절 취 선 ·················

성명 [   ]

8급 ①

▽

	아홉 구 ( )	남녘 남 ( )	동녘 동 ( )
	나라 국 ( )	계집 녀 ( )	여섯 륙 ( )
가르칠 교 ( )	군사 군 ( )	해 년 ( )	일만 만 ( )
학교 교 ( )	쇠 금 ( )	큰 대 ( )	

- 51 -

성명 [   ]

8급 ②	문 문 ( )	북녘 북 ( )	날 생 ( )
▽	백성 민 ( )	녁 사 ( )	서녘 서 ( )
어미 모 ( )	흰 백 ( )	메 산 ( )	먼저 선 ( )
나무 목 ( )	아비 부 ( )	석 삼 ( )	

·············· 절 취 선 ··············

전국한자능력검정시험 7급   답안지(2)

번호	답안란	채점	번호	답안란	채점	번호	답안란	채점	번호	답안란	채점
33			43			53			63		
34			44			54			64		
35			45			55			65		
36			46			56			66		
37			47			57			67		
38			48			58			68		
39			49			59			69		
40			50			60			70		
41			51			61					
42			52			62					

검토하고 제출하십시오.

/70

第12回 한자능력검정시험 7급

(시험시간 : 50분) 시험시작시간 時 分
          시험종료시간 時 分

※다음 한자어의 音(음)을 쓰시오.

1. 答歌(   )   2. 母子(   )
3. 四方(   )   4. 萬事(   )
5. 空中(   )   6. 前後(   )
7. 國立(   )   8. 入室(   )
9. 孝心(   )   10. 百世(   )
11. 休校(   )   12. 九千(   )
13. 文學(   )   14. 住所(   )
15. 西海(   )   16. 工場(   )
17. 電氣(   )   18. 生命(   )
19. 出力(   )   20. 活動(   )

21. 멀리서 正午를 알리는 종소리가 났다. ……( )
22. 꽃밭에는 五色이 영롱한 꽃들이 만발. ……( )
23. 先王의 뜻을 받들다. ……( )
24. 秋夕은 음력 8월 15일. ……( )
25. 우리 반 열 명 內外가 안경을 꼈다. ……( )
26. 앉은 의자가 不便하다. ……( )
27. 지진으로 天地가 진동을 하다. ……( )
28. 時間 약속을 잘 지키자. ……( )
29. 수재 복구에 軍民 합동으로 이루어졌다. ……( )
30. 우리나라 山川은 아름답다. ……( )
31. 간밤에 平安히 주무셨습니까? ……( )
32. 北韓은 핵을 포기해야 한다. ……( )

※다음 한자의 訓(훈:뜻)과 音(음:소리)을 쓰시오.

33. 旗(   )   34. 算(   )
35. 同(   )   36. 育(   )
37. 里(   )   38. 登(   )
39. 少(   )   40. 數(   )
41. 林(   )   42. 植(   )
43. 紙(   )   44. 有(   )
45. 問(   )   46. 字(   )
47. 夫(   )   48. 然(   )
49. 冬(   )   50. 重(   )
51. 洞(   )   52. 主(   )

※다음 밑줄 친 단어의 한자어를 골라 번호를 쓰시오.

① 祖上 ② 金花 ③ 春夏 ④ 草木

53. 춘하추동 ……………( )
54. 산천초목 ……………( )

자꾸 공부 하고픈 책 모의고사문제집　　　　　7급 제12회

※다음 훈과 음에 맞는 한자를 골라 번호를 쓰시오.

| ① 老 ② 父 ③ 寸 ④ 車 ⑤ 面 |
| ⑥ 每 ⑦ 弟 ⑧ 邑 ⑨ 村 ⑩ 來 |

55. 아비 부 (　　)　　56. 매양 매 (　　)

57. 아우 제 (　　)　　58. 마을 촌 (　　)

59. 낯 면 (　　)　　60. 고을 읍 (　　)

61. 마디 촌 (　　)　　62. 늙을 로 (　　)

63. 올 래 (　　)　　64. 수레 거 (　　)

※다음 한자의 반대되는 한자를 골라 번호를 쓰시오.

| ① 女　② 千　③ 語　④ 月 |

65. 日 - (　　)　　66. 男 - (　　)

※다음 한자어의 뜻을 쓰시오.

67. 家長 : (　　　　　　　　)

68. 手話 : (　　　　　　　　)

※다음 漢字에서 진하게 표시한 획은 몇 번째 쓰는지 <보기>에서 찾아 그 번호를 쓰시오.

| ①1번째　②2번째　③3번째　④4번째 |
| ⑤5번째　⑥6번째　⑦7번째　⑧8번째 |

69. (　　　)　　70. (　　　)

青　東

※ 보너스문제 ※

☺단어가 되도록 가로와 세로로 묶고 뜻도 써 보세요☺

答	歌	空	中
萬	四	方	前
事	國	立	後
母	子	入	室

答歌 :

母子 :

四方 :

萬事 :

空中 :

前後 :

國立 :

入室 :

▷答歌 : 답으로 하는 노래.　▷空中 : 하늘 가운데.
▷母子 : 어머니와 아들.　▷前後 : 앞과 뒤.
▷四方 : 네 방향.　▷國立 : 나라가 세움.
▷萬事 : 많은 일.　▷入室 : 방으로 들어감.

얼~쑤

70점 만점에
49점 이상 합격!

/70

■ 사단법인 한국어문회·한자능력검정회 주관

수험번호 □□□-□□-□□□□□
성명 □□□□□
주민등록번호 □□□□□□-□□□□□□□
※ 유성 싸인펜, 붉은색 필기구 사용 불가.

※답안지는 컴퓨터로 처리되므로 구기거나 더럽히지 마시고, 정답 칸 안에만 쓰십시오. 글씨가 채점란으로 들어오면 오답처리가 됩니다.

전국한자능력검정시험 7급 답안지(1)

번호	답안란	채점	번호	답안란	채점	번호	답안란	채점	번호	답안란	채점
1			9			17			25		
2			10			18			26		
3			11			19			27		
4			12			20			28		
5			13			21			29		
6			14			22			30		
7			15			23			31		
8			16			24			32		

※뒷면으로 이어짐

··· 절 취 선 ···

성명 [　　　　　　　　　]

8급 ③

집　실(　　) 　바깥 외(　　) 　날　일(　　)

▽

열　십(　　) 　달　월(　　) 　한　일(　　)

작을 소(　　) 　다섯 오(　　) 　두　이(　　) 　긴　장(　　)

물　수(　　) 　임금 왕(　　) 　사람 인(　　)

8급 ④

| 마디 촌 (|) | 배울 학 (|) |

아우 제 ( )   일곱 칠 ( )   나라 한 ( )

가운데중 ( )   흙 토 ( )   형 형 ( )

푸를 청 ( )   여덟 팔 ( )   불 화 ( )

························ 절 취 선 ························

전국한자능력검정시험 7급 답안지(2)

번호	답안란	채점	번호	답안란	채점	번호	답안란	채점	번호	답안란	채점
33			43			53			63		
34			44			54			64		
35			45			55			65		
36			46			56			66		
37			47			57			67		
38			48			58			68		
39			49			59			69		
40			50			60			70		
41			51			61			검토하고 제출하십시오.		
42			52			62			/70		

8級 ▷중간점검용◁

① 　　　　　　　　② 　　　　　　　　③

教 (　　　)　　白 (　　　)　　二 (　　　)

校 (　　　)　　父 (　　　)　　人 (　　　)

九 (　　　)　　北 (　　　)　　日 (　　　)

國 (　　　)　　四 (　　　)　　一 (　　　)

軍 (　　　)　　山 (　　　)　　長 (　　　)

金 (　　　)　　三 (　　　)　　弟 (　　　)

南 (　　　)　　生 (　　　)　　中 (　　　)

女 (　　　)　　西 (　　　)　　青 (　　　)

年 (　　　)　　先 (　　　)　　寸 (　　　)

大 (　　　)　　小 (　　　)　　七 (　　　)

東 (　　　)　　水 (　　　)　　土 (　　　)

六 (　　　)　　室 (　　　)　　八 (　　　)

萬 (　　　)　　十 (　　　)　　學 (　　　)

母 (　　　)　　五 (　　　)　　韓 (　　　)

木 (　　　)　　王 (　　　)　　兄 (　　　)

門 (　　　)　　外 (　　　)　　火 (　　　)

民 (　　　)　　月 (　　　)

8급 중간점검용 [훈음]

성명 [   ]

8級 ▷중간점검용◁ 정답 91쪽

①	②	③
가르칠 교 ( )	흰 백 ( )	두 이 ( )
학교 교 ( )	아비 부 ( )	사람 인 ( )
아홉 구 ( )	북녘 북 달아날 배 ( )	날 일 ( )
나라 국 ( )	넉 사 ( )	한 일 ( )
군사 군 ( )	메 산 ( )	긴 장 ( )
쇠 금 성 김 ( )	석 삼 ( )	아우 제 ( )
남녘 남 ( )	날 생 ( )	가운데 중 ( )
계집 녀 ( )	서녘 서 ( )	푸를 청 ( )
해 년 ( )	먼저 선 ( )	마디 촌 ( )
큰 대 ( )	작을 소 ( )	일곱 칠 ( )
동녘 동 ( )	물 수 ( )	흙 토 ( )
여섯 륙 ( )	집 실 ( )	여덟 팔 ( )
일만 만 ( )	열 십 ( )	배울 학 ( )
어미 모 ( )	다섯 오 ( )	나라 한 ( )
나무 목 ( )	임금 왕 ( )	형 형 ( )
문 문 ( )	바깥 외 ( )	불 화 ( )
백성 민 ( )	달 월 ( )	8급

第13回 한자능력검정시험 7급

(시험시간 : 50분) 시험시작시간　時　分
시험종료시간　時　分

※다음 한자어의 音(음)을 쓰시오.

1. 青春（　　　）　2. 氣色（　　　）
3. 生育（　　　）　4. 植木（　　　）
5. 寸數（　　　）　6. 農地（　　　）
7. 休學（　　　）　8. 市立（　　　）
9. 百花（　　　）　10. 民主（　　　）
11. 男便（　　　）　12. 記入（　　　）
13. 孝子（　　　）　14. 王室（　　　）
15. 老少（　　　）　16. 食口（　　　）
17. 秋夕（　　　）　18. 左右（　　　）
19. 道敎（　　　）　20. 電話（　　　）

21. 사이렌을 울리며 白車가 지나갔다.
　…………………………（　　　　　）
22. 工夫가 쉬운 게 결코 아니다.
　…………………………（　　　　　）
23. 來年에는 반드시 이 일을 이루겠다.
　…………………………（　　　　　）
24. 역사는 同一하게 반복되지 않는다.
　…………………………（　　　　　）
25. 面長에게 안부 편지를 보냈다.
　…………………………（　　　　　）
26. 누가 더 有名하다고 생각하는가?
　…………………………（　　　　　）
27. 그는 음악에 先天적 재능이 있다.
　…………………………（　　　　　）
28. 自重하라고 몇 번이나 강조했다.
　…………………………（　　　　　）
29. 품행이 方正하므로 이 상을 수여함.
　…………………………（　　　　　）

30. 경기에 이겨 목청껏 校歌를 불렀다.
　…………………………（　　　　　）
31. 적군이 千萬이 와도 나는 두렵지 않다.
　…………………………（　　　　　）
32. 조용하게 지낼 場所로는 아주 적합하다.
　…………………………（　　　　　）

※다음 한자의 訓(훈:뜻)과 音(음:소리)을 쓰시오.

33. 物（　　　）　34. 祖（　　　）
35. 川（　　　）　36. 夏（　　　）
37. 間（　　　）　38. 里（　　　）
39. 後（　　　）　40. 動（　　　）
41. 事（　　　）　42. 海（　　　）
43. 姓（　　　）　44. 直（　　　）
45. 旗（　　　）　46. 下（　　　）
47. 草（　　　）　48. 算（　　　）
49. 弟（　　　）　50. 家（　　　）
51. 村（　　　）　52. 邑（　　　）

※다음 밑줄 친 구절의 뜻에 가장 가까운 漢字語한자어를 <보기>에서 골라 그 번호를 쓰시오.

① 西答　② 世上　③ 登山　④ 活火

53. 동쪽을 묻는 데 서쪽을 대답한다는 뜻.
　…………………………（　　　　　）
54. 산에 오르는 일이 처음엔 어려웠으나 차츰 쉬워졌다. ……（　　　　　）

7급 제13회

※다음 훈과 음에 맞는 한자를 골라 번호를 쓰시오.

| ① 冬 | ② 空 | ③ 不 | ④ 出 | ⑤ 洞 |
| ⑥ 時 | ⑦ 午 | ⑧ 前 | ⑨ 然 | ⑩ 林 |

55. 날 출 (　　)
56. 겨울 동 (　　)
57. 때 시 (　　)
58. 그럴 연 (　　)
59. 수풀 림 (　　)
60. 앞 전 (　　)
61. 빌 공 (　　)
62. 아닐 불 (　　)
63. 골 동 (　　)
64. 낮 오 (　　)

※다음 한자의 반대되는 한자를 골라 번호를 쓰시오.

| ① 門 | ② 手 | ③ 外 | ④ 南 |

65. (　　　　)足이 차가운 증세에는 인삼이 좋다고 한다.

66. 조선 독립을 內(　　　　)에 선포하다.

※다음 밑줄 친 한자어의 뜻을 쓰시오.

67. 선생님이 같이 가시니 정말 安心이다.
(　　　　　　　　　　　　　)

68. 우리를 낳고 길러 주신 父母님.
(　　　　　　　　　　　　　)

※다음 漢字에서 진하게 표시한 획은 몇 번째 쓰는지 <보기>에서 찾아 그 번호를 쓰시오.

| ①1번째 | ②2번째 | ③3번째 | ④4번째 |
| ⑤5번째 | ⑥6번째 | ⑦7번째 | ⑧8번째 |

69. (　　　)　　　70. (　　　)

毎　　　時

☼ 보너스문제 ☼

☺예문을 참고하여 빈칸에 한자로 써 보세요☺

青春　氣色　生育　植木　寸數　農地　休學　市立
百花　民主　男便　記入　孝子　王室　老少　食口
秋夕　左右　道敎　電話　白車　工夫　來年　同一
面長　有名　先天　自重　方正　校歌　千萬　場所

青	
氣	
生	
植	
寸	
農	
休	
市	
百	
民	
男	
記	
孝	
王	
老	
食	

秋	
左	
道	
電	
白	
工	
來	
同	
面	
有	
先	
自	
方	
校	
千	
場	

70점 만점에
49점 이상 합격!

/70

전국한자능력검정시험 7급 답안지(1)

번호	정답	1검	2검	번호	정답	1검	2검	번호	정답	1검	2검
1				12				23			
2				13				24			
3				14				25			
4				15				26			
5				16				27			
6				17				28			
7				18				29			
8				19				30			
9				20				31			
10				21				32			
11				22				33			

■ 사단법인 한국어문회·한자능력검정회 주관

※ 본 답안지는 컴퓨터로 처리되므로 구겨지거나 더럽혀지지 않도록 조심하시고 글씨를 칸 안에 또박또박 쓰십시오.

전국한자능력검정시험 7급 답안지(2)

번호	정답	1검	2검	번호	정답	1검	2검	번호	정답	1검	2검
34				47				60			
35				48				61			
36				49				62			
37				50				63			
38				51				64			
39				52				65			
40				53				66			
41				54				67			
42				55				68			
43				56				69			
44				57				70			
45				58				검토하고 제출하십시오.			
46				59				/ 70			

■ 사단법인 한국어문회·한자능력검정회 주관

※ 본 답안지는 컴퓨터로 처리되므로 구겨지거나 더럽혀지지 않도록 조심하시고 글씨를 칸 안에 또박또박 쓰십시오.

第14回 한자능력검정시험 7급

(시험시간 : 50분) 시험시작시간　時　分
시험종료시간　時　分

※다음 한자어의 音(음)을 쓰시오.

1. 敎育(　　) 2. 萬金(　　)
3. 山林(　　) 4. 同門(　　)
5. 出口(　　) 6. 母子(　　)
7. 農夫(　　) 8. 每年(　　)
9. 登場(　　) 10. 立秋(　　)
11. 先祖(　　) 12. 百姓(　　)
13. 外來(　　) 14. 所重(　　)
15. 小邑(　　) 16. 活動(　　)
17. 花草(　　) 18. 食事(　　)
19. 自然(　　) 20. 後世(　　)

21. 우리는 휴가를 <u>西海</u>로 갔습니다. (　　)
22. <u>正面</u>에 보이는 건물이 도서관입니다. (　　)
23. 우리 선수단 <u>旗手</u>가 입장합니다. (　　)
24. 멀리서 <u>軍歌</u>가 들려옵니다. (　　)
25. 우리 <u>洞長</u>님이 마을을 돌아다닙니다. (　　)
26. 시나 소설은 독창성이 <u>生命</u>입니다. (　　)
27. 교실 <u>中間</u>에 난로를 놓았습니다. (　　)
28. 저는 <u>道內</u> 수학 경시대회에 참석했습니다. (　　)
29. 할아버지는 지금도 <u>日記</u>를 쓰십니다. (　　)
30. 오늘은 5<u>校時</u>에 수업이 끝납니다. (　　)
31. <u>空氣</u>의 오염이 심각합니다. (　　)
32. 오늘 <u>算數</u>시간에 곱셈을 배웠습니다. (　　)

※다음 한자의 訓(훈:뜻)과 音(음:소리)을 쓰시오.

33. 直(　　) 34. 天(　　)
35. 夏(　　) 36. 江(　　)
37. 老(　　) 38. 東(　　)
39. 色(　　) 40. 市(　　)
41. 左(　　) 42. 北(　　)
43. 里(　　) 44. 冬(　　)
45. 有(　　) 46. 休(　　)
47. 工(　　) 48. 弟(　　)
49. 便(　　) 50. 夕(　　)
51. 父(　　) 52. 兄(　　)

※다음 밑줄 친 단어의 漢字語(한자어)를 <보기>에서 골라 그 번호를 쓰시오.

① 全心　② 住民　③ 午前　④ 主上

53. 토요일에는 수업이 <u>오전</u>에 끝납니다. (　　)
54. <u>주민</u>들은 마을의 안녕을 기원하는 제사를 올렸습니다. (　　)

자꾸 공부 하고픈 책 모의고사문제집   7급 제14회

※다음 훈과 음에 맞는 한자를 골라 번호를 쓰시오.

① 南　② 紙　③ 物　④ 話　⑤ 村
⑥ 名　⑦ 方　⑧ 室　⑨ 孝　⑩ 足

55.	모　방( )	56.	효도　효( )
57.	남녘　남( )	58.	물건　물( )
59.	발　족( )	60.	종이　지( )
61.	집　실( )	62.	마을　촌( )
63.	말씀　화( )	64.	이름　명( )

※다음 한자의 반대되는 한자를 골라 번호를 쓰시오.

① 答　② 女　③ 右　④ 靑

65. 男 - ( )　66. 問 - ( )

※다음 한자어의 뜻을 쓰시오.

67. 植木 : ( )

68. 國語 : ( )

※다음 漢字에서 진하게 표시한 획은 몇 번째 쓰는지
＜보기＞에서 찾아 그 번호를 쓰시오.

①1번째　②2번째　③3번째　④4번째
⑤5번째　⑥6번째　⑦7번째　⑧8번째

69. ( )　70. ( )

安　　地

※ 보너스문제 ※

☺다음 한자어의 뜻을 써 보세요☺

※앞에서부터 풀이합니다.

教育 :

萬金 :

山林 :

同門 :

出口 :

母子 :

農夫 :

每年 :

※뒤에서부터 풀이합니다.

登場 :

立秋 :

▷敎育 : 가르쳐 기름.　▷母子 : 어머니와 아들.
▷萬金 : 많은 돈.　▷農夫 : 농사짓는 사람.
▷山林 : 산과 수풀.　▷每年 : 해마다.
▷同門 : 같은 학교.　▷登場 : 장소에 나타남.
▷出口 : 나가는 문.　▷立秋 : 가을이 되다.

얼~쑤

70점 만점에
49점 이상 합격!

/70

■ 사단법인 한국어문회·한자능력검정회 주관

수험번호 □□□-□□-□□□□
성명 □□□□□
주민등록번호 □□□□□□-□□□□□□□
※ 유성 싸인펜, 붉은색 필기구 사용 불가.

※답안지는 컴퓨터로 처리되므로 구기거나 더럽히지 마시고, 정답 칸 안에만 쓰십시오. 글씨가 채점란으로 들어오면 오답처리가 됩니다.

전국한자능력검정시험 7급 답안지(1)

번호	답안란 정답	채점란 1검	2검	번호	답안란 정답	채점란 1검	2검	번호	답안란 정답	채점란 1검	2검
1				12				23			
2				13				24			
3				14				25			
4				15				26			
5				16				27			
6				17				28			
7				18				29			
8				19				30			
9				20				31			
10				21				32			
11				22				33			

감독위원	채점위원(1)		채점위원(2)		채점위원(3)	
(서명)	(득점)	(서명)	(득점)	(서명)	(득점)	(서명)

※뒷면으로 이어짐

■ 사단법인 한국어문회 · 한자능력검정회 주관

※ 본 답안지는 컴퓨터로 처리되므로 구겨지거나 더럽혀지지 않도록 조심하시고 글씨를 칸 안에 또박또박 쓰십시오.

전국한자능력검정시험 7급 답안지(2)

번호	정답	1검	2검	번호	정답	1검	2검	번호	정답	1검	2검
34				47				60			
35				48				61			
36				49				62			
37				50				63			
38				51				64			
39				52				65			
40				53				66			
41				54				67			
42				55				68			
43				56				69			
44				57				70			
45				58							
46				59							

검토하고 제출하십시오.

/ 70

■ 사단법인 한국어문회 · 한자능력검정회 주관

第15回 한자능력검정시험 7급

(시험시간 : 50분) 시험시작시간   時   分
시험종료시간   時   分

※ 다음 한자어의 音(음)을 쓰시오.

1. 父母 (　　) 2. 百花 (　　)
3. 千萬 (　　) 4. 天下 (　　)
5. 世間 (　　) 6. 東海 (　　)
7. 敎育 (　　) 8. 祖上 (　　)
9. 午前 (　　) 10. 市長 (　　)
11. 兄弟 (　　) 12. 每年 (　　)
13. 左右 (　　) 14. 後日 (　　)
15. 空氣 (　　) 16. 孝子 (　　)
17. 自然 (　　) 18. 安全 (　　)
19. 家門 (　　) 20. 電工 (　　)

21. 점차 外食을 즐기는 사람이 많아졌다.
　　　　　　　　　　(　　　　)
22. 차츰 農地가 줄어들고 있다.
　　　　　　　　　　(　　　　)
23. 正直한 사람이 승리하게 되어 있다.
　　　　　　　　　　(　　　　)
24. 인근 住民들이 많이 몰려왔다.
　　　　　　　　　　(　　　　)
25. 영이는 男女 공학에 다닌다.
　　　　　　　　　　(　　　　)
26. 立春이 다가오니 봄기운이 느껴진다.
　　　　　　　　　　(　　　　)
27. 有色 인종이라고 차별을 받았다.
　　　　　　　　　　(　　　　)
28. 植木을 많이 해서 홍수가 줄었다.
　　　　　　　　　　(　　　　)
29. 그 건물의 主人을 방금 만났다.
　　　　　　　　　　(　　　　)
30. 아름다운 江山을 맘껏 즐기고 있다.
　　　　　　　　　　(　　　　)
31. 平生을 교육에만 전념했다.
　　　　　　　　　　(　　　　)
32. 七夕은 견우와 직녀가 만나는 날이다.
　　　　　　　　　　(　　　　)

※ 다음 한자의 訓(훈:뜻)과 音(음:소리)을 쓰시오.

33. 話 (　　) 34. 學 (　　)
35. 重 (　　) 36. 算 (　　)
37. 邑 (　　) 38. 答 (　　)
39. 動 (　　) 40. 時 (　　)
41. 方 (　　) 42. 活 (　　)
43. 休 (　　) 44. 物 (　　)
45. 南 (　　) 46. 記 (　　)
47. 夏 (　　) 48. 內 (　　)
49. 便 (　　) 50. 里 (　　)
51. 來 (　　) 52. 命 (　　)

※ 다음 밑줄 친 구절의 뜻에 가장 가까운 漢字語한자어를 <보기>에서 골라 그 번호를 쓰시오.

① 校歌　② 八月　③ 先出　④ 入室

53. 방에 들어가기 전에 준비물을 다 챙겨라.
　　　　　　　　　　(　　　　)
54. 요즘은 자기가 다니는 학교의 노래를 아는 사람이 오히려 드물다. (　　　　)

자꾸 공부 하고픈 책 모의고사문제집　　　　　　　　　7급 제15회

※다음 훈과 음에 맞는 한자를 골라 번호를 쓰시오.

| ①秋 | ②同 | ③所 | ④數 | ⑤草 |
| ⑥川 | ⑦道 | ⑧車 | ⑨靑 | ⑩村 |

55. 한가지동 (　　　)　56. 풀　초 (　　　)

57. 셈　수 (　　　)　58. 길　도 (　　　)

59. 푸를 청 (　　　)　60. 바 소 (　　　)

61. 마을 촌 (　　　)　62. 가을 추 (　　　)

63. 수레 거 (　　　)　64. 내 천 (　　　)

※다음 한자의 반대되는 한자를 골라 번호를 쓰시오.

①大　②寸　③足　④老

65. (　　　)-小　66. 手-(　　　)

※다음 밑줄 친 한자어의 뜻을 쓰시오.

67. 軍旗를 앞세우고 행진했다.

: (　　　　　　　　　　　)

68. 心中에 있는 말을 끝내 하지 못했다.

: (　　　　　　　　　　　)

※다음 漢字에서 진하게 표시한 획은 몇 번째 쓰는지
　<보기>에서 찾아 그 번호를 쓰시오.

| ①1번째 | ②2번째 | ③3번째 | ④4번째 |
| ⑤5번째 | ⑥6번째 | ⑦7번째 | ⑧8번째 |

69. (　　　)　70. (　　　)

金　　水

※ 보너스문제 ※

☺단어가 되도록 줄로 잇고 빈칸에 한자로 써 보세요☺

父 ◦	◦ 花	⇨
百 ◦	◦ 母	⇨
千 ◦	◦ 下	⇨
天 ◦	◦ 萬	⇨
世 ◦	◦ 間	⇨
東 ◦	◦ 海	⇨
敎 ◦	◦ 上	⇨
祖 ◦	◦ 育	⇨
午 ◦	◦ 長	⇨
市 ◦	◦ 前	⇨

▷父母 : 아버지와 어머니.　▷東海 : 동쪽바다.
▷百花 : 많은 꽃.　▷敎育 : 가르치고 기름.
▷千萬 : 많은 숫자.　▷祖上 : 위 할아버지.
▷天下 : 하늘아래.　▷午前 : 낮 12시 이전.
▷世間 : 인간사이.　▷市長 : 도시의 최고자리.

얼~쑤

70점 만점에
49점 이상 합격!

/70

■ 사단법인 한국어문회·한자능력검정회 주관

수험번호 □□□-□□-□□□□ 성명 □□□□□

주민등록번호 □□□□□□-□□□□□□□

※ 유성 싸인펜, 붉은색 필기구 사용 불가.

※답안지는 컴퓨터로 처리되므로 구기거나 더럽히지 마시고, 정답 칸 안에만 쓰십시오. 글씨가 채점란으로 들어오면 오답처리가 됩니다.

전국한자능력검정시험 7급 답안지(1)

번호	답안란 정답	채점란 1검 2검	번호	답안란 정답	채점란 1검 2검	번호	답안란 정답	채점란 1검 2검
1			12			23		
2			13			24		
3			14			25		
4			15			26		
5			16			27		
6			17			28		
7			18			29		
8			19			30		
9			20			31		
10			21			32		
11			22			33		

감독위원	채점위원(1)		채점위원(2)		채점위원(3)	
(서명)	(득점)	(서명)	(득점)	(서명)	(득점)	(서명)

■ 사단법인 한국어문회·한자능력검정회 주관 ※뒷면으로 이어짐 ■

■ 사단법인 한국어문회 · 한자능력검정회 주관

※ 본 답안지는 컴퓨터로 처리되므로 구겨지거나 더럽혀지지 않도록 조심하시고 글씨를 칸 안에 또박또박 쓰십시오.

전국한자능력검정시험 7급 답안지(2)

번호	정답	1검	2검	번호	정답	1검	2검	번호	정답	1검	2검
34				47				60			
35				48				61			
36				49				62			
37				50				63			
38				51				64			
39				52				65			
40				53				66			
41				54				67			
42				55				68			
43				56				69			
44				57				70			
45				58				검토하고 제출하십시오.			
46				59				/ 70			

■ 사단법인 한국어문회 · 한자능력검정회 주관

기출예상문제[가]   漢字能力檢定試驗   7級 問題紙

(社)韓國語文會·韓國漢字能力檢定會   (시험시간 : 50분)

※다음 밑줄 친 漢字語(한자어)의 讀音(독음)을 쓰시오.

1. 올해부터 매주 토요일은 <u>學校</u>에 가지 않습니다. ( )
2. 산에 오르니 <u>空氣</u>가 좋습니다. ( )
3. <u>物心</u>양면으로 신경 써 주셔서 감사드립니다. ( )
4. 오늘은 <u>間食</u>으로 과일을 먹었습니다. ( )
5. <u>南山</u>에 오르니 서울 시내가 잘 보였습니다. ( )
6. 요즘 <u>平安</u>하신지 궁금해 전화를 드렸습니다. ( )
7. 주말 <u>農場</u>에 가서 채소를 심었습니다. ( )
8. 저는 <u>每日</u> 일기를 씁니다. ( )
9. <u>生命</u>을 소중히 여기는 교육을 실시해야 합니다. ( )
10. 제주도는 세계적으로 <u>有名</u>한 관광지입니다. ( )
11. 학교 <u>後門</u>에 쾌적한 공연장이 있습니다. ( )
12. 나라의 근본은 <u>百姓</u>입니다. ( )
13. 남녀노소를 <u>不問</u>하고 해당 분야 자격증 소지자를 찾습니다. ( )
14. 방과 후 <u>活動</u>을 많이 합니다. ( )
15. 철수는 <u>算數</u>시간에 나눗셈을 배웠다. ( )
16. 나이가 어리지만 <u>世上</u>에 널리 이름을 알렸습니다. ( )
17. <u>四方</u>이 산으로 둘러싸였습니다. ( )
18. 매년 <u>植木</u>행사를 가진 덕에 산에 나무가 많아졌다. ( )
19. 어려운 가운데서도 <u>自力</u>으로 대학까지 마쳤습니다. ( )
20. 주말이면 <u>市內</u>가 더 복잡합니다. ( )
21. 부모님께 <u>孝道</u>를 해야 합니다. ( )
22. 지난해부터 대사관 <u>出入</u> 절차가 까다롭게 되었습니다. ( )
23. 한국은 <u>敎育</u>에 대한 관심이 높습니다. ( )
24. 3월부터 <u>全國</u> 각지를 순방했습니다. ( )
25. <u>電子</u> 망원경으로 보면 더 선명합니다. ( )
26. <u>二重</u>의 어려움을 겪었습니다. ( )
27. 이제 도로명 <u>住所</u>로 바뀝니다. ( )
28. 일반적으로 <u>正直</u>한 사람이 성공합니다. ( )
29. 군대에 간 오빠의 <u>便紙</u>를 받고 매우 기뻤습니다. ( )
30. 건강을 잃으면 <u>天下</u>를 얻어도 소용이 없습니다. ( )
31. 시간이 되자 <u>靑春</u> 남녀들이 많이 모여들었습니다. ( )
32. 아버지와 <u>三寸</u>이 함께 출근하셨습니다. ( )

기출예상문제 [가]

※다음 漢字한자의 訓(훈:뜻)과 音(음:소리)을 쓰시오.

33. 家 (   )

34. 夏 (   )

35. 冬 (   )

36. 午 (   )

37. 川 (   )

38. 外 (   )

39. 夕 (   )

40. 祖 (   )

41. 秋 (   )

42. 韓 (   )

43. 林 (   )

44. 登 (   )

45. 王 (   )

46. 話 (   )

47. 色 (   )

48. 先 (   )

49. 民 (   )

50. 夫 (   )

51. 軍 (   )

52. 洞 (   )

※다음 밑줄 친 단어의 한자어를 골라 번호를 쓰시오.

①北東　②千萬　③白旗　④同一

53. 고맙다니요, 천만의 말씀입니다. (   )

54. 적군은 백기를 들고 항복했습니다. (   )

※다음 훈과 음에 맞는 한자를 골라 번호를 쓰시오.

① 然　② 歌　③ 記　④ 弟　⑤ 草
⑥ 邑　⑦ 男　⑧ 老　⑨ 花　⑩ 村

55. 풀　초(   )　56. 고을　읍(   )

57. 늙을　로(   )　58. 아우　제(   )

59. 노래　가(   )　60. 사내　남(   )

61. 그럴　연(   )　62. 꽃　화(   )

63. 마을　촌(   )　64. 기록할기(   )

※다음 한자의 반대되는 한자를 골라 번호를 쓰시오.

① 右　　② 少　　③ 足　　④ 火

65. 手 - (   )　　66. 左 - (   )

※다음 한자어의 뜻을 쓰시오.

67. 大事 : (   )

68. 西海 : (   )

※다음 漢字에서 진하게 표시한 획은 몇 번째 쓰는지 <보기>에서 찾아 그 번호를 쓰시오.

①1번째　②2번째　③3번째　④4번째　⑤5번째
⑥6번째　⑦7번째　⑧8번째　⑨9번째　⑩10번째

69. (   )　　70. (   )

事　　前

□ 70점 만점에 49점 이상 합격 □

■ 사단법인 한국어문회·한자능력검정회 주관

수험번호 □□□-□□-□□□□   성명 □□□□□
주민등록번호 □□□□□□-□□□□□□□   ※ 유성 싸인펜, 붉은색 필기구 사용 불가.
※답안지는 컴퓨터로 처리되므로 구기거나 더럽히지 마시고, 정답 칸 안에만 쓰십시오. 글씨가 채점란으로 들어오면 오답처리가 됩니다.

전국한자능력검정시험 7급 답안지(1)

번호	정답	1검	2검	번호	정답	1검	2검	번호	정답	1검	2검
1				12				23			
2				13				24			
3				14				25			
4				15				26			
5				16				27			
6				17				28			
7				18				29			
8				19				30			
9				20				31			
10				21				32			
11				22				33			

감독위원	채점위원(1)		채점위원(2)		채점위원(3)	
(서명)	(득점)	(서명)	(득점)	(서명)	(득점)	(서명)

※뒷면으로 이어짐

■ 사단법인 한국어문회 · 한자능력검정회 주관

※ 본 답안지는 컴퓨터로 처리되므로 구겨지거나 더럽혀지지 않도록 조심하시고 글씨를 칸 안에 또박또박 쓰십시오.

전국한자능력검정시험 7급 답안지(2)

번호	정답	1검	2검	번호	정답	1검	2검	번호	정답	1검	2검
34				47				60			
35				48				61			
36				49				62			
37				50				63			
38				51				64			
39				52				65			
40				53				66			
41				54				67			
42				55				68			
43				56				69			
44				57				70			
45				58							
46				59							

검토하고 제출하십시오.

/ 70

■ 사단법인 한국어문회 · 한자능력검정회 주관

기출예상문제[나] 漢字能力檢定試驗 7級 問題紙

(社)韓國語文會・韓國漢字能力檢定會 (시험시간 : 50분)

※ 다음 밑줄 친 漢字語한자어의 讀音독음을 쓰시오.

1. 젊은이들이 農村을 등지고 도시로 떠납니다. ( )
2. 군인들이 手旗로 신호를 보내고 있습니다. ( )
3. 그는 日記를 서랍 속에 꼭꼭 감추었습니다. ( )
4. 퇴폐적인 外來문화를 배척해야 합니다. ( )
5. 그는 面民을 위해서 무척 애를 썼습니다. ( )
6. 家內 수공업이 공장화되었습니다. ( )
7. 어려운 사람들에게 自活할 수 있는 길을 열어 줘야 합니다. ( )
8. 집에서 시장까지는 한 時間이 걸립니다. ( )
9. 軍歌가 멀리서 들려옵니다. ( )
10. 매년 이때는 진달래가 온 山川에 활짝 핍니다. ( )
11. 누나는 성격이 거세어서 男子들과 싸워도 지지 않습니다. ( )
12. 그는 의자에 便安히 앉아 책을 봅니다. ( )
13. 이 책은 空白이 너무 많습니다. ( )
14. 어머니께서는 生花로 꽃다발을 만들었습니다. ( )
15. 눈이 많이 와서 登校시간을 늦추었습니다. ( )
16. 교실이 너무 어두워 出口가 보이지 않습니다. ( )
17. 우리 工場은 가구를 만듭니다. ( )
18. 하루 세 번 食後 30분마다 약을 먹어야 합니다. ( )
19. 수출이 前年에 비하여 크게 늘었습니다. ( )
20. 봄이 되니 땅에서 植物의 싹이 돋아났습니다. ( )
21. 경찰은 시위를 主動한 학생들을 구속하였습니다. ( )
22. 봄에 심은 나무에 비료를 주는 育林작업을 했습니다. ( )
23. 시청료가 電氣요금에 합산됩니다. ( )
24. 그 아들은 위독하신 老母의 생명을 구하려고 노력하였습니다. ( )
25. 그는 住所가 적힌 쪽지를 들고 그 집을 찾아갔습니다. ( )
26. 신임 里長이 동네 사람들에게 인사를 했습니다. ( )
27. 자식이라면 마땅히 부모에게 孝道해야 합니다. ( )
28. 아버지는 正直을 가훈으로 정하셨습니다. ( )
29. 나는 그와 성이 같아 寸數를 따져 보았습니다. ( )
30. 그는 王命을 받아 암행어사가 되었습니다. ( )
31. 先祖들이 남겨주신 유산을 잘 보존해야 합니다. ( )
32. 눈이 온 世上을 덮었습니다. ( )

기출예상문제 [나]

※다음 漢字한자의 訓(훈:뜻)과 音(음:소리)을 쓰시오.

33. 少 (   )

34. 每 (   )

35. 夕 (   )

36. 敎 (   )

37. 有 (   )

38. 入 (   )

39. 立 (   )

40. 小 (   )

41. 江 (   )

42. 百 (   )

43. 夫 (   )

44. 話 (   )

45. 市 (   )

46. 草 (   )

47. 五 (   )

48. 洞 (   )

49. 春 (   )

50. 月 (   )

51. 靑 (   )

52. 午 (   )

※다음 밑줄 친 단어의 한자어를 골라 번호를 쓰시오.

① 姓名   ② 東門   ③ 西方   ④ 兄弟

53. 그 편지에는 발신인의 주소와 성명이 적혀
    있지 않았습니다. ………… (   )

54. 그녀는 형제가 많은 집안에서
    자랐습니다. ……………… (   )

※다음 훈과 음에 맞는 한자를 골라 번호를 쓰시오.

① 然   ② 左   ③ 重   ④ 冬   ⑤ 事
⑥ 算   ⑦ 夏   ⑧ 答   ⑨ 父   ⑩ 秋

55. 아비 부(   )   56. 일   사(   )

57. 왼   좌(   )   58. 겨울 동(   )

59. 그럴 연(   )   60. 무거울중(   )

61. 여름 하(   )   62. 대답 답(   )

63. 셈   산(   )   64. 가을 추(   )

※다음 한자의 반대되는 한자를 골라 번호를 쓰시오.

① 天   ② 火   ③ 足   ④ 北

65. 水 - (   )   66. (   ) - 地

※다음 한자어의 뜻을 쓰시오.

67. 全心 : (   )

68. 休學 : (   )

※다음 漢字에서 진하게 표시한 획은 몇 번째 쓰는지
  <보기>에서 찾아 그 번호를 쓰시오.

①1번째   ②2번째   ③3번째   ④4번째   ⑤5번째
⑥6번째   ⑦7번째   ⑧8번째   ⑨9번째   ⑩10번째

69. (   )   70. (   )

邑   室

□ 70점 만점에 49점 이상 합격 □

- 76 -

■ 사단법인 한국어문회·한자능력검정회 주관

수험번호 ☐☐☐-☐☐-☐☐☐☐   성명 ☐☐☐☐☐

주민등록번호 ☐☐☐☐☐☐-☐☐☐☐☐☐☐

※ 유성 싸인펜, 붉은색 필기구 사용 불가.

※답안지는 컴퓨터로 처리되므로 구기거나 더럽히지 마시고, 정답 칸 안에만 쓰십시오. 글씨가 채점란으로 들어오면 오답처리가 됩니다.

전국한자능력검정시험 7급 답안지(1)

번호	정답	1검	2검	번호	정답	1검	2검	번호	정답	1검	2검
1				12				23			
2				13				24			
3				14				25			
4				15				26			
5				16				27			
6				17				28			
7				18				29			
8				19				30			
9				20				31			
10				21				32			
11				22				33			

감독위원	채점위원(1)	채점위원(2)	채점위원(3)
(서명)	(득점) (서명)	(득점) (서명)	(득점) (서명)

※뒷면으로 이어짐

■ 사단법인 한국어문회 · 한자능력검정회 주관

※ 본 답안지는 컴퓨터로 처리되므로 구겨지거나 더럽혀지지 않도록 조심하시고 글씨를 칸 안에 또박또박 쓰십시오.

전국한자능력검정시험 7급 답안지(2)

번호	정답	1검	2검	번호	정답	1검	2검	번호	정답	1검	2검
34				47				60			
35				48				61			
36				49				62			
37				50				63			
38				51				64			
39				52				65			
40				53				66			
41				54				67			
42				55				68			
43				56				69			
44				57				70			
45				58					검토하고 제출하십시오.		
46				59					/ 70		

■ 사단법인 한국어문회 · 한자능력검정회 주관

기출예상문제[다] 漢字能力檢定試驗 7級 問題紙

(社)韓國語文會·韓國漢字能力檢定會   (시험시간: 50분)

※다음 밑줄 친 漢字語한자어의 讀音독음을 쓰시오.

1. 住民센터가 저기 보입니다. ( )
2. 할아버지는 平生 정직하게 사셨습니다. ( )
3. 每年 풍년이 들면 좋겠지요. ( )
4. 주인공은 家門의 명예를 드높였습니다. ( )
5. 우리 가족은 外食하러 갔습니다. ( )
6. 同名이인이 무슨 뜻인가요? ( )
7. 건물에는 白色 깃발이 펄럭입니다. ( )
8. 우리는 校歌를 힘차게 불렀습니다. ( )
9. 安心하고 따라오세요. ( )
10. 男女선수가 함께 경기를 합니다. ( )
11. 한해살이 植物은 어떤 것이 있나요? ( )
12. 여왕은 百姓을 사랑하였습니다. ( )
13. 삼촌은 前方 부대에서 근무했습니다. ( )
14. 自然보호는 아주 중요합니다. ( )
15. 數學문제를 풀기 좋아합니다. ( )
16. 우리는 敎育을 받고 있지요. ( )
17. 세종대왕께서 한글 文字를 만드셨지요. ( )
18. 신부가 예식장에 入場하였습니다. ( )
19. 할아버지는 農夫이십니다. ( )
20. 出國하기 위해 공항으로 갔습니다. ( )
21. 친구에게 便紙를 썼습니다. ( )
22. 의좋은 兄弟의 얘기를 읽었습니다. ( )
23. 休日에 할아버지 댁에 갔습니다. ( )
24. 영희 아버지는 아파트 관리 所長입니다. ( )
25. 아, 江村에 살고 싶어요. ( )
26. 아주 좁은 空間이 있네요. ( )
27. 우리 海軍이 자랑스러워요. ( )
28. 山林 자원이 풍부한 우리나라. ( )
29. 이모는 아름다운 靑春이라고 말했습니다. ( )
30. 洞口 밖 과수원길. ( )
31. 電話 벨이 울렸습니다. ( )
32. 車道를 건널 때는 조심합시다. ( )

기출예상문제 [다]

※다음 漢字한자의 訓(훈:뜻)과 音(음:소리)을 쓰시오.

33. 旗 （　　　　　　　）

34. 里 （　　　　　　　）

35. 命 （　　　　　　　）

36. 直 （　　　　　　　）

37. 邑 （　　　　　　　）

38. 室 （　　　　　　　）

39. 氣 （　　　　　　　）

40. 記 （　　　　　　　）

41. 地 （　　　　　　　）

42. 重 （　　　　　　　）

43. 主 （　　　　　　　）

44. 夕 （　　　　　　　）

45. 老 （　　　　　　　）

46. 語 （　　　　　　　）

47. 算 （　　　　　　　）

48. 時 （　　　　　　　）

49. 韓 （　　　　　　　）

50. 面 （　　　　　　　）

51. 來 （　　　　　　　）

52. 冬 （　　　　　　　）

※다음 밑줄 친 구절의 뜻에 가장 가까운 漢字語한자어를 <보기>에서 골라 그 번호를 쓰시오.

①生命水　　②先祖　　③祖父母　　④白紙

53. 하얀 종이 위에 그림을 그렸다. …… （　　　　）

54. 시골에 할아버지와 할머니가 살고 계신다.（　　　　）

※다음 훈과 음에 맞는 한자를 골라 번호를 쓰시오.

①秋　②動　③孝　④千　⑤草
⑥川　⑦南　⑧夏　⑨活　⑩事

55. 남녘　남（　　　　） 56. 움직일동（　　　　）

57. 일　　사（　　　　） 58. 살　　활（　　　　）

59. 효도　효（　　　　） 60. 여름　하（　　　　）

61. 풀　　초（　　　　） 62. 가을　추（　　　　）

63. 일천　천（　　　　） 64. 내　　천（　　　　）

※다음 한자의 반대되는 한자를 골라 번호를 쓰시오.

①答　　②大　　③間　　④老

65. （　　　　）- 少 　66. 問 -（　　　　）

※다음 한자어의 뜻을 쓰시오.

67. 食後에 이 약을 드십시요.

　　　: （　　　　　　　　　　　）

68. 동생은 入學 하였습니다.

　　　: （　　　　　　　　　　　）

※다음 漢字에서 진하게 표시한 획은 몇 번째 쓰는지 <보기>에서 찾아 그 번호를 쓰시오.

①1번째　②2번째　③3번째　④4번째　⑤5번째
⑥6번째　⑦7번째　⑧8번째　⑨9번째　⑩10번째

69. （　　　　） 　70. （　　　　）

時　語

□ 70점 만점에 49점 이상 합격 □

■ 사단법인 한국어문회·한자능력검정회 주관

수험번호 □□□-□□-□□□□ 성명 □□□□□

주민등록번호 □□□□□□-□□□□□□□

※ 유성 싸인펜, 붉은색 필기구 사용 불가.

※답안지는 컴퓨터로 처리되므로 구기거나 더럽히지 마시고, 정답 칸 안에만 쓰십시오. 글씨가 채점란으로 들어오면 오답처리가 됩니다.

전국한자능력검정시험 7급 답안지(1)

번호	답안란 정답	채점란 1검	채점란 2검	번호	답안란 정답	채점란 1검	채점란 2검	번호	답안란 정답	채점란 1검	채점란 2검
1				12				23			
2				13				24			
3				14				25			
4				15				26			
5				16				27			
6				17				28			
7				18				29			
8				19				30			
9				20				31			
10				21				32			
11				22				33			

감독위원	채점위원(1)	채점위원(2)	채점위원(3)
(서명)	(득점) (서명)	(득점) (서명)	(득점) (서명)

※뒷면으로 이어짐

■ 사단법인 한국어문회 · 한자능력검정회 주관

※ 본 답안지는 컴퓨터로 처리되므로 구겨지거나 더럽혀지지 않도록 조심하시고 글씨를 칸 안에 또박또박 쓰십시오.

전국한자능력검정시험 7급 답안지(2)

번호	정답	1검	2검	번호	정답	1검	2검	번호	정답	1검	2검
34				47				60			
35				48				61			
36				49				62			
37				50				63			
38				51				64			
39				52				65			
40				53				66			
41				54				67			
42				55				68			
43				56				69			
44				57				70			
45				58				검토하고 제출하십시오.			
46				59				/ 70			

■ 사단법인 한국어문회 · 한자능력검정회 주관

기출예상문제[라] 漢字能力檢定試驗 7級 問題紙

(社)韓國語文會·韓國漢字能力檢定會 (시험시간 : 50분)

※다음 밑줄 친 漢字語한자어의 讀音독음을 쓰시오.

1. 내 조카는 <u>兄夫</u>를 완전히 닮았습니다. ( )
2. 자연환경은 <u>後世</u>에게 물려줄 인류의 재산입니다. ( )
3. <u>立夏</u>부터 여름이 시작됩니다. ( )
4. 양친 부모 모셔다가 <u>千年</u>만년 살고 지고. ( )
5. 그는 훌륭한 양반 <u>家門</u>에서 태어났습니다. ( )
6. 그는 매우 광범위한 사회 <u>活動</u>을 하고 있습니다. ( )
7. 저는 다리가 <u>不便</u>해서 좀 앉겠습니다. ( )
8. 그는 취미로 <u>花草</u>를 기르고 있습니다. ( )
9. 새는 <u>空中</u>을 향해 날아오르기 시작하였습니다. ( )
10. 아이들에게 <u>間食</u>을 골고루 나누어 줍니다. ( )
11. 우리 학교는 <u>學內</u>의 자동차 진입을 금합니다. ( )
12. 조선 시대에는 <u>平民</u>은 양반에게 경어를 썼습니다. ( )
13. 이 박물관은 <u>休日</u>에만 일반 시민에게 개방됩니다. ( )
14. 심청은 <u>孝心</u>이 지극합니다. ( )
15. <u>海女</u>들이 잠수할 때마다 꼬르륵하는 소리가 납니다. ( )
16. 그는 노래를 좋아하여 아이돌 <u>歌手</u>가 되었습니다. ( )
17. 길동은 아버지께 <u>下直</u>을 고하고 물러 나왔습니다. ( )
18. 그는 외가가 있는 시골에서 <u>出生</u>했습니다. ( )
19. 아까운 <u>靑春</u>을 어영부영 보내면 안 됩니다. ( )
20. 이곳은 <u>農村</u>이나 다름이 없습니다. ( )
21. <u>天安</u>은 호두과자가 유명합니다. ( )
22. 이번 <u>秋夕</u>에는 고향으로 내려가지 못했습니다. ( )
23. 지하 <u>車道</u> 두 곳이 폐쇄돼 통행할 수 없습니다. ( )
24. 농민이 <u>土地</u>를 좋아하는 것은 당연한 것이다. ( )
25. 이 <u>植物</u>은 추위를 잘 견딥니다. ( )
26. 예전에는 <u>王命</u>이 절대적이었습니다. ( )
27. 그들은 <u>祖國</u>의 통일을 위해 노력하였습니다. ( )
28. 사람들로부터 <u>外面</u> 당하고 있어 외롭습니다. ( )
29. 텃밭에서 기른 야채를 <u>市場</u>에 내다 팝니다. ( )
30. 아들을 깨워서 <u>登校</u> 준비를 시킵니다. ( )
31. 학생들이 <u>白紙</u>에다 낙서를 합니다. ( )
32. 친구에게 보낸 편지가 <u>住所</u> 불명으로 반송되었습니다. ( )

기출예상문제 [라]

※다음 漢字한자의 訓(훈:뜻)과 音(음:소리)을 쓰시오.

33. 旗 （　　　　　　　　　）

34. 川 （　　　　　　　　　）

35. 算 （　　　　　　　　　）

36. 弟 （　　　　　　　　　）

37. 育 （　　　　　　　　　）

38. 萬 （　　　　　　　　　）

39. 洞 （　　　　　　　　　）

40. 工 （　　　　　　　　　）

41. 寸 （　　　　　　　　　）

42. 軍 （　　　　　　　　　）

43. 南 （　　　　　　　　　）

44. 來 （　　　　　　　　　）

45. 父 （　　　　　　　　　）

46. 東 （　　　　　　　　　）

47. 室 （　　　　　　　　　）

48. 記 （　　　　　　　　　）

49. 邑 （　　　　　　　　　）

50. 敎 （　　　　　　　　　）

51. 右 （　　　　　　　　　）

52. 色 （　　　　　　　　　）

※다음 밑줄 친 단어의 漢字語한자어를 <보기>에서 골라 그 번호를 쓰시오.

① 自然　② 長足　③ 男子　④ 電氣

53. 전기가 나갔지만 밝은 달밤이라 집 안이 훤하다. （　　　）

54. 아름다운 자연이 있어서 관광객이 많이 찾는다. （　　　）

※다음 훈과 음에 맞는 한자를 골라 번호를 쓰시오.

① 林　② 百　③ 重　④ 午　⑤ 冬
⑥ 姓　⑦ 時　⑧ 有　⑨ 母　⑩ 話

55. 일백 백（　　　） 56. 있을 유（　　　）

57. 성　성（　　　） 58. 무거울중（　　　）

59. 말씀 화（　　　） 60. 수풀 림（　　　）

61. 어미 모（　　　） 62. 낮　오（　　　）

63. 겨울 동（　　　） 64. 때　시（　　　）

※다음 한자의 반대되는 한자를 골라 번호를 쓰시오.

① 問　　② 少　　③ 先　　④ 事

65. 老 - （　　　） 66. （　　　） - 答

※다음 한자어의 뜻을 쓰시오.

67. 同名 : （　　　　　　　　　）

68. 前年 : （　　　　　　　　　）

※다음 漢字에서 진하게 표시한 획은 몇 번째 쓰는지 <보기>에서 찾아 그 번호를 쓰시오.

①1번째　②2번째　③3번째　④4번째　⑤5번째
⑥6번째　⑦7번째　⑧8번째　⑨9번째　⑩10번째

69. （　　　　　） 70. （　　　　　）

每　　　　里

□ 70점 만점에 49점 이상 합격 □

■ 사단법인 한국어문회·한자능력검정회 주관

수험번호 □□□-□□-□□□□   성명 □□□□□
주민등록번호 □□□□□□-□□□□□□□   ※ 유성 싸인펜, 붉은색 필기구 사용 불가.
※답안지는 컴퓨터로 처리되므로 구기거나 더럽히지 마시고, 정답 칸 안에만 쓰십시오. 글씨가 채점란으로 들어오면 오답처리가 됩니다.

전국한자능력검정시험 7급 답안지(1)

번호	답안란 정답	채점란 1검 2검	번호	답안란 정답	채점란 1검 2검	번호	답안란 정답	채점란 1검 2검
1			12			23		
2			13			24		
3			14			25		
4			15			26		
5			16			27		
6			17			28		
7			18			29		
8			19			30		
9			20			31		
10			21			32		
11			22			33		

감독위원	채점위원(1)	채점위원(2)	채점위원(3)
(서명)	(득점) (서명)	(득점) (서명)	(득점) (서명)

■ 사단법인 한국어문회·한자능력검정회 주관   ※뒷면으로 이어짐 ■

■ 사단법인 한국어문회·한자능력검정회 주관

※ 본 답안지는 컴퓨터로 처리되므로 구겨지거나 더럽혀지지 않도록 조심하시고 글씨를 칸 안에 또박또박 쓰십시오.

전국한자능력검정시험 7급 답안지(2)

번호	정답	1검	2검	번호	정답	1검	2검	번호	정답	1검	2검
34				47				60			
35				48				61			
36				49				62			
37				50				63			
38				51				64			
39				52				65			
40				53				66			
41				54				67			
42				55				68			
43				56				69			
44				57				70			
45				58							
46				59							

검토하고 제출하십시오.

/ 70

■ 사단법인 한국어문회·한자능력검정회 주관

▶반대자테스트◀

日 ↔ ☐	南 ↔ ☐	天 ↔ ☐	江 ↔ ☐
(해)-(달)	( )-( )	( )-( )	( )-( )
水 ↔ ☐	敎 ↔ ☐	出 ↔ ☐	男 ↔ ☐
( )-( )	( )-( )	( )-( )	( )-( )
大 ↔ ☐	上 ↔ ☐	前 ↔ ☐	春 ↔ ☐
( )-( )	( )-( )	( )-( )	( )-( )
父 ↔ ☐	手 ↔ ☐	問 ↔ ☐	夏 ↔ ☐
( )-( )	( )-( )	( )-( )	( )-( )
兄 ↔ ☐	左 ↔ ☐	內 ↔ ☐	子 ↔ ☐
( )-( )	( )-( )	( )-( )	( )-( )
東 ↔ ☐	老 ↔ ☐	山 ↔ ☐	先 ↔ ☐
( )-( )	( )-( )	( )-( )	( )-( )

日月 (일월) 해와 달
水火 (수화) 물과 불
大小 (대소) 크다와 작다
父母 (부모) 아버지와 어머니
兄弟 (형제) 형과 아우
東西 (동서) 동쪽과 서쪽

南北 (남북) 남쪽과 북쪽
敎學 (교학) 가르침과 배움
上下 (상하) 위와 아래
手足 (수족) 손과 발
左右 (좌우) 왼쪽과 오른쪽
老少 (노소) 늙은이와 젊은이

天地 (천지) 하늘과 땅
出入 (출입) 나감과 들어감
前後 (전후) 앞과 뒤
問答 (문답) 물음과 대답
內外 (내외) 안과 바깥
山川 (산천) 산과 내

江山 (강산) 강과 산
男女 (남녀) 남자와 여자
春秋 (춘추) 봄과 가을
夏冬 (하동) 여름과 겨울
子女 (자녀) 아들과 딸
先後 (선후) 먼저와 뒤

◘ 필순의 기본 원칙 ◘

①	위에서 아래로 쓴다	↓
②	왼쪽에서 오른쪽으로 쓴다 (긋는다)	→
③	세로획보다 가로획을 먼저 쓴다	十 二 一 十
④	뻗침(丿)은 먼저, 파임(乀)은 나중에 쓴다	乀 乀 乀 乀 乀 長
⑤	꿰뚫는 획은 나중에 쓴다	女 子 丰 中 中 中
⑥	좌우대칭은 가운데부터 쓴다	小 水 小 小　　예외 : 火 忄 米 (점부터 찍는다)
⑦	에워싼 획의 안을 다 쓰고 마지막 획은 나중에 닫는다	四 國 圓 圓
⑧	"ㄱ"을 먼저 쓴다	刀 刃 方 民 邓 刀 刀
⑨	받침(辶廴)은 맨 나중에 쓴다	道 遠 近 建
⑩	점은 맨 나중에 찍는다	太 犬 代 成 武 育

▶필순테스트◀ (글씨 쓰는 순서)   ※원칙을 명심하면서 풀어 보세요.

위에서 아래로 쓰는 원칙

※ 다음 漢字에서 진하게 표시한 획은 몇 번째 쓰는지 <보기>에서 찾아 그 번호를 쓰시오.

1. .... (   )

① 1번째   ② 2번째
③ 3번째   ④ 4번째

[필순] 一 二 三

왼쪽에서 오른쪽으로 쓰는 원칙

2. .... (   )

川

① 1번째   ② 2번째
③ 3번째   ④ 4번째

[필순] ノ 丿 川

3. .... (   )

記

① 1번째   ② 2번째
③ 3번째   ④ 8번째

[필순] 丶 亠 言 言 言 記 記

세로보다 가로획을 먼저 쓰는 원칙

4. .... (   )

直

① 1번째   ② 2번째
③ 3번째   ④ 4번째

[필순] 一 十 十 古 直 直

5. .... (   )

孝

① 1번째   ② 2번째
③ 3번째   ④ 4번째

[필순]  一 十 耂 孝 孝

뻗침(ノ)을 먼저, 파임(乀)은 나중에 쓰는 원칙

6. .... (   )

文

① 1번째   ② 2번째
③ 3번째   ④ 4번째

[필순]  亠 ナ 文

7. .... (   )

父

① 1번째   ② 2번째
③ 3번째   ④ 4번째

[필순]  ノ 八 分 父

8. .... (   )

校

① 7번째   ② 8번째
③ 9번째   ④ 10번째

[필순]  一 十 木 朴 柼 栌 校

9. .... (   )

長

① 5번째   ② 6번째
③ 7번째   ④ 8번째

[필순]  厂 丆 Ɐ 트 長 長

꿰뚫는 획은 나중에 쓰는 원칙

10. .... (   )

母

① 1번째   ② 3번째
③ 4번째   ④ 5번째

[필순]  乚 口 口 母 母

11. .... (   )

字

① 3번째   ② 4번째
③ 5번째   ④ 6번째

[필순]  丶 宀 宂 宀 字 字

車

12. ……… (　　　　)

① 1번째　② 2번째
③ 6번째　④ 7번째

[필순] 一 冂 百 亘 車

年

13. ……… (　　　　)

① 3번째　② 4번째
③ 5번째　④ 6번째

[필순] ノ 𠂉 𠂉 左 年

좌우대칭은 가운데부터 쓰는 원칙

山

14. ……… (　　　　)

① 1번째　② 2번째
③ 3번째　④ 4번째

[필순] 丨 山 山

出

15. ……… (　　　　)

① 1번째　② 3번째
③ 4번째　④ 5번째

[필순] 丨 屮 屮 出 出

받침(辶)은 나중에 쓰는 원칙

道

16. ……… (　　　　)

① 1번째　② 2번째
③ 9번째　④ 10번째

[필순] 丷 首 首 道 道 道

안을 다 쓰고 마지막획을 닫는 원칙

國

17. ……… (　　　　)

① 3번째　② 6번째
③ 9번째　④ 11번째

[필순] 冂 冋 冋 國 國 國

西

18. ……… (　　　　)

① 3번째　② 4번째
③ 5번째　④ 6번째

[필순] 一 丆 冂 丙 两 西

"ㄱ"부터 쓴다.

民

19. ……… (　　　　)

① 1번째　② 2번째
③ 3번째　④ 4번째

[필순] ㄱ ㅋ 尸 巳 民

方

20. ……… (　　　　)

① 1번째　② 2번째
③ 3번째　④ 4번째

[필순] ᐟ 亠 亡 方

色

21. ……… (　　　　)

① 1번째　② 2번째
③ 3번째　④ 4번째

[필순] 𠂊 刍 刍 刍 色

男

22. ……… (　　　　)

① 4번째　② 5번째
③ 6번째　④ 7번째

[필순] 冂 田 田 男 男

地

23. ……… (　　　　)

① 3번째　② 4번째
③ 5번째　④ 6번째

[필순] 一 十 土 ㇆ 坎 地

動

24. ……… (　　　　)

① 1번째　② 2번째
③ 10번째　④ 11번째

[필순] 亓 亘 重 重 動 動

1.③　2.③　3.④　4.①　5.①　6.③　7.③　8.③　9.③　10.④　11.④　12.④　13.④
14.①　15.①　16.④　17.④　18.④　19.①　20.③　21.③　22.③　23.②　24.③

배정한자 및 중간점검용정답

7급 배정한자

①

漢字	訓	音
歌	노래	가
口	입	구
旗	기	기
冬	겨울	동
洞	골	동
	밝을	통
同	한가지	동
登	오를	등
來	올	래
老	늙을	로
里	마을	리
林	수풀	림
面	낯	면
命	목숨	명
文	글월	문
問	물을	문
百	일백	백
夫	지아비	부

②

漢字	訓	音
算	셈	산
色	빛	색
夕	저녁	석
所	바	소
少	적을	소
數	셈	수
植	심을	식
心	마음	심
語	말씀	어
然	그럴	연
有	있을	유
育	기를	육
邑	고을	읍
入	들	입

漢字	訓	音
字	글자	자
祖	할아비	조
住	살	주

③

漢字	訓	音
主	주인	주
重	무거울	중
地	땅	지
紙	종이	지
川	내	천
千	일천	천
天	하늘	천
草	풀	초
村	마을	촌
秋	가을	추
春	봄	춘
出	날	출
便	편할	편
	오줌	변
夏	여름	하
花	꽃	화
休	쉴	휴

<7급>

7Ⅱ 배정한자

①

漢字	訓	音
家	집	가
間	사이	간
江	강	강
車	수레	거
	수레	차
空	빌	공
工	장인	공
記	기록할	기
氣	기운	기
男	사내	남
內	안	내
農	농사	농
答	대답	답
道	길	도
動	움직일	동
力	힘	력
立	설	립
每	매양	매

②

漢字	訓	音
名	이름	명
物	물건	물
方	모	방
不	아닐	불
	아닐	부
事	일	사
上	윗	상
姓	성	성
世	인간	세
手	손	수
時	때	시
市	저자	시
食	먹을	식
安	편안	안
午	낮	오
右	오른	우
自	스스로	자
子	아들	자

③

漢字	訓	音
場	마당	장
電	번개	전
前	앞	전
全	온전	전
正	바를	정
足	발	족
左	왼	좌
直	곧을	직
平	평평할	평
下	아래	하
漢	한수	한
海	바다	해
話	말씀	화
活	살	활
孝	효도	효
後	뒤	후

<7Ⅱ>

8급 배정한자

①

漢字	訓	音
敎	가르칠	교
校	학교	교
九	아홉	구
國	나라	국
軍	군사	군
金	쇠	금
	성	김
南	남녘	남
女	계집	녀
年	해	년
大	큰	대
東	동녘	동
六	여섯	륙
萬	일만	만
母	어미	모
木	나무	목
門	문	문
民	백성	민

②

漢字	訓	音
白	흰	백
父	아비	부
北	북녘	북
	달아날	배
四	넉	사
山	메	산
三	석	삼
生	날	생
西	서녘	서
先	먼저	선
小	작을	소
水	물	수
室	집	실
十	열	십
五	다섯	오
王	임금	왕
外	바깥	외
月	달	월

③

漢字	訓	音
二	두	이
人	사람	인
日	날	일
一	한	일
長	긴	장
弟	아우	제
中	가운데	중
青	푸를	청
寸	마디	촌
七	일곱	칠
土	흙	토
八	여덟	팔
學	배울	학
韓	나라	한
兄	형	형
火	불	화

<8급>

모의고사문제정답

7급 제1회				7급 제2회				7급 제3회				7급 제4회				7급 제5회			
1	부동	36	무거울중	1	여심	36	지아비부	1	연소	36	샘 산	1	변소	36	마을 촌	1	노모	36	겨울 동
2	불안	37	저녁 석	2	남녀	37	올 래	2	백년	37	하늘 천	2	편지	37	저녁 석	2	연로	37	적을 소
3	입구	38	샘 산	3	수중	38	살 주	3	평안	38	그럴 연	3	농가	38	그럴 연	3	강남	38	수풀 림
4	농지	39	올 래	4	수화	39	노래 가	4	수족	39	일천 천	4	천명	39	일백 백	4	동방	39	심을 식
5	가도	40	적을 소	5	남북	40	일천 천	5	가장	40	있을 유	5	동력	40	말씀 어	5	공군	40	마을 리
6	강촌	41	심을 식	6	정답	41	늦을 로	6	효도	41	무거울중	6	식전	41	샘 산	6	동수	41	말씀 어
7	동해	42	지아비부	7	활동	42	풀 초	7	공간	42	기를 육	7	동성	42	들 입	7	국립	42	낯 면
8	교육	43	오를 등	8	차도	43	목숨 명	8	남동	43	노래 가	8	화초	43	적을 소	8	문답	43	기를 육
9	가수	44	물을 문	9	일기	44	가을 추	9	국기	44	고을 읍	9	군가	44	기를 육	9	출생	44	샘 산
10	동리	45	가을 추	10	자주	45	말씀 어	10	농촌	45	골 동	10	자족	45	글자 자	10	민주	45	고을 읍
11	간식	46	일백 백	11	유명	46	편할 편	11	전화	46	봄 춘	11	만사	46	있을 유	11	칠석	46	편할 편
12	동생	47	말씀 어	12	등장	47	고을 읍	12	장소	47	오를 등	12	평생	47	늦을 로	12	팔촌	47	봄 춘
13	대한	48	내 천	13	소중	48	쉴 휴	13	기력	48	편할 편	13	매시	48	마을 리	13	가문	48	풀 초
14	방정	49	일천 천	14	선조	49	물을 문	14	일만	49	마을 리	14	춘추	49	샘 수	14	화력	49	온전 전
15	교기	50	목숨 명	15	전공	50	심을 식	15	제자	50	쉴 휴	15	도인	50	할아비조	15	공부	50	꽃 화
16	문자	51	할아비조	16	석월	51	글자 자	16	대동	51	수풀 림	16	사방	51	살 주	16	동장	51	말씀 화
17	천연	52	봄 춘	17	전면	52	여름 하	17	조상	52	물을 문	17	동구	52	날 출	17	교가	52	사내 남
18	칠십	53	①	18	서해	53	②	18	문물	53	①	18	안전	53	①	18	목수	53	①
19	기사	54	③	19	산수	54	③	19	주민	54	②	19	등기	54	④	19	전차	54	③
20	장남	55	⑥	20	공기	55	⑩	20	삼촌	55	③	20	효심	55	②	20	백성	55	⑧
21	기색	56	①	21	육림	56	⑤	21	외래	56	⑤	21	면장	56	①	21	전후	56	③
22	성명	57	③	22	사물	57	⑨	22	생명	57	④	22	청기	57	⑦	22	상오	57	⑨
23	읍면	58	⑧	23	시간	58	④	23	중립	58	⑩	23	명문	58	⑥	23	정도	58	⑥
24	후세	59	⑦	24	부모	59	⑦	24	소심	59	⑥	24	시장	59	③	24	식구	59	④
25	시민	60	⑨	25	외식	60	③	25	지면	60	①	25	모국	60	⑤	25	조부	60	①
26	휴전	61	④	26	백군	61	②	26	해초	61	⑧	26	천금	61	⑧	26	일심	61	⑤
27	실내	62	②	27	왕자	62	⑧	27	공부	62	②	27	북해	62	⑩	27	중대	62	⑦
28	화초	63	⑤	28	문학	63	⑥	28	오색	63	⑨	28	강산	63	④	28	입장	63	⑩
29	수학	64	⑩	29	오후	64	①	29	추석	64	⑦	29	읍내	64	⑨	29	중추	64	②
30	형제	65	②	30	목화	65	②	30	사방	65	②	30	공중	65	③	30	주소	65	①
31	만물	66	④	31	시내	66	④	31	출동	66	①	31	전기	66	②	31	천만	66	②
32	하동	67	온 나라	32	만리	67	봄이 되다	32	기사	67	땅의 이름	32	자정	67	나무를심다	32	휴일	67	농사짓는마을
33	수풀 림	68	차에서 내림	33	입 구	68	해마다	33	꽃 화	68	주된 음식	33	글월 문	68	달빛	33	기 기	68	색종이
34	주인 주	69	①	34	적을 소	69	③	34	여름 하	69	③	34	주인 주	69	④	34	글자 자	69	③
35	늦을 로	70	①	35	겨울 동	70	③	35	아래 하	70	⑤	35	겨울 동	70	⑥	35	글월 문	70	④

모의고사문제정답

#	7급 제6회	#		#	7급 제7회	#		#	7급 제8회	#		#	7급 제9회	#		#	7급 제10회	#	
1	임립	36	편할 편	1	입장	36	무거울 중	1	이장	36	일천 천	1	시월	36	무거울 중	1	역동	36	일 사
2	산림	37	마음 심	2	국립	37	일백 백	2	동리	37	기 기	2	유월	37	글월 문	2	중력	37	온전 전
3	시내	38	종이 지	3	편지	38	저녁 석	3	초가	38	할아비 조	3	한자	38	주인 주	3	주식	38	오를 등
4	명인	39	말씀 어	4	조모	39	셈 산	4	전국	39	기운 기	4	지방	39	있을 유	4	중립	39	늙을 로
5	선조	40	여름 하	5	팔도	40	말씀 어	5	제부	40	수풀 림	5	일기	40	할아비 조	5	부녀	40	학교 교
6	매시	41	살 주	6	정직	41	마을 리	6	백지	41	꽃 화	6	천금	41	들 입	6	해초	41	노래 가
7	간식	42	늙을 로	7	가사	42	셈 수	7	대식	42	일백 백	7	자립	42	가을 추	7	명물	42	적을 소
8	소년	43	주인 주	8	인명	43	수풀 림	8	동명	43	오를 등	8	천명	43	그럴 연	8	차도	43	물을 문
9	농토	44	올 래	9	교문	44	있을 유	9	출토	44	내 천	9	전기	44	봄 춘	9	남문	44	들 입
10	생명	45	노래 가	10	동시	45	그럴 연	10	기사	45	올 래	10	화초	45	저녁 석	10	지면	45	셈 산
11	하차	46	골 동	11	교실	46	기를 육	11	매일	46	겨울 동	11	전력	46	날 출	11	내한	46	내 천
12	휴전	47	강 강	12	안주	47	쉴 휴	12	읍면	47	늙을 로	12	가수	47	마을 리	12	출가	47	목숨 명
13	공사	48	바깥 외	13	천년	48	글자 자	13	정오	48	편할 편	13	시민	48	편할 편	13	대학	48	일천 천
14	산수	49	기 기	14	전방	49	꽃 화	14	모녀	49	여름 하	14	공중	49	수풀 림	14	생육	49	수풀 림
15	금색	50	글자 자	15	춘추	50	글월 문	15	좌우	50	바 소	15	식사	50	쉴 휴	15	동구	50	하늘 천
16	가장	51	사내 남	16	장강	51	마을 촌	16	세상	51	곧을 직	16	교육	51	낯 면	16	청색	51	땅 지
17	만물	52	배울 학	17	군기	52	여름 하	17	지방	52	뒤 후	17	오후	52	여름 하	17	만리	52	집 실
18	방정	53	②	18	일출	53	①	18	시립	53	③	18	국어	53	④	18	평안	53	②
19	백천	54	③	19	효자	54	②	19	차주	54	①	19	외래	54	②	19	매년	54	③
20	백군	55	①	20	천기	55	⑤	20	식목	55	⑥	20	군인	55	⑦	20	하오	55	⑥
21	출입	56	②	21	활물	56	⑩	21	청군	56	③	21	수화	56	④	21	문자	56	⑤
22	활동	57	⑥	22	중심	57	①	22	인간	57	④	22	장강	57	⑥	22	효심	57	①
23	춘추	58	⑦	23	화차	58	⑨	23	휴교	58	①	23	수학	58	⑨	23	백방	58	④
24	소중	59	⑧	24	주력	59	②	24	공장	59	⑧	24	장소	59	②	24	후세	59	③
25	촌부	60	④	25	형부	60	⑦	25	가수	60	②	25	수도	60	⑩	25	전화	60	⑨
26	화초	61	③	26	동서	61	③	26	춘색	61	⑤	26	읍내	61	①	26	석월	61	⑧
27	천연	62	⑨	27	해외	62	⑧	27	남자	62	⑦	27	성명	62	⑤	27	정답	62	②
28	오전	63	⑤	28	동민	63	④	28	강촌	63	⑩	28	시간	63	⑧	28	수족	63	⑩
29	공기	64	⑩	29	토지	64	⑥	29	남산	64	⑨	29	색지	64	③	29	제자	64	⑦
30	수중	65	④	30	오후	65	②	30	입실	65	③	30	안주	65	①	30	자연	65	④
31	등기	66	②	31	청산	66	①	31	농민	66	①	31	동생	66	④	31	조상	66	②
32	전면	67	같은 문	32	초목	67	편하지 않음	32	추석	67	하늘의 명령	32	농가	67	학교의 기	32	공군	67	살고있는곳
33	입 구	68	저녁달	33	노래 가	68	한국에 오다	33	빌 공	68	효도하는 길	33	겨울 동	68	많은 물건	33	살 활	68	쉬는 날
34	내 천	69	⑩	34	들 입	69	⑤	34	살 주	69	④	34	지아비 부	69	⑦	34	기 기	69	①
35	겨울 동	70	⑥	35	겨울 동	70	②	35	입 구	70	①	35	골 동	70	①	35	꽃 화	70	⑥

모의고사문제정답

7급 제11회

#	답	#	답
1	노모	36	말씀 어
2	수기	37	한가지동
3	명답	38	올 래
4	외국	39	마을 리
5	효심	40	글자 자
6	주동	41	목숨 명
7	전군	42	셈 산
8	동구	43	무거울중
9	등교	44	땅 지
10	부정	45	일백 백
11	세상	46	봄 춘
12	교육	47	저녁 석
13	농부	48	여름 하
14	천연	49	마을 촌
15	인편	50	적을 소
16	생활	51	내 천
17	강산	52	물을 문
18	백기	53	①
19	식민	54	②
20	장소	55	③
21	지면	56	⑧
22	수학	57	④
23	읍내	58	⑦
24	형제	59	⑨
25	하오	60	②
26	자족	61	⑩
27	휴일	62	①
28	안주	63	⑤
29	왕도	64	⑥
30	사방	65	④
31	가문	66	①
32	선조	67	맏아들
33	날 출	68	매달
34	빛 색	69	⑪
35	노래 가	70	③

7급 제12회

#	답	#	답
1	답가	36	기를 육
2	모자	37	마을 리
3	사방	38	오를 등
4	만사	39	적을 소
5	공중	40	셈 수
6	전후	41	수풀 림
7	국립	42	심을 식
8	입실	43	종이 지
9	효심	44	있을 유
10	백세	45	물을 문
11	휴교	46	글자 자
12	구천	47	지아비부
13	문학	48	그럴 연
14	주소	49	겨울 동
15	서해	50	무거울중
16	공장	51	골 동
17	전기	52	주인 주
18	생명	53	③
19	출력	54	④
20	활동	55	②
21	정오	56	⑥
22	오색	57	⑦
23	선왕	58	⑨
24	추석	59	⑤
25	내외	60	⑧
26	불편	61	③
27	천지	62	①
28	시간	63	⑩
29	군민	64	④
30	산천	65	④
31	평안	66	①
32	북한	67	집안의어른
33	기 기	68	손으로말함
34	셈 산	69	⑧
35	한가지동	70	⑥

7급 제13회

#	답	#	답
1	청춘	36	여름 하
2	기색	37	사이 간
3	생육	38	마을 리
4	식목	39	뒤 후
5	촌수	40	움직일동
6	농지	41	일 사
7	휴학	42	바다 해
8	시립	43	성 성
9	백화	44	곧을 직
10	민주	45	기 기
11	남편	46	아래 하
12	기입	47	풀 초
13	효자	48	셈 산
14	왕실	49	아우 제
15	노소	50	집 가
16	식구	51	마을 촌
17	추석	52	고을 읍
18	좌우	53	①
19	도교	54	③
20	전화	55	④
21	백차	56	①
22	공부	57	⑥
23	내년	58	⑨
24	동일	59	⑩
25	면장	60	⑧
26	유명	61	②
27	선천	62	③
28	자중	63	⑤
29	방정	64	⑦
30	교가	65	②
31	천만	66	③
32	장소	67	편안한마음
33	물건 물	68	아버지와어머니
34	할아비조	69	⑦
35	내 천	70	⑧

7급 제14회

#	답	#	답
1	교육	36	강 강
2	만금	37	늙을 로
3	산림	38	동녘 동
4	동문	39	빛 색
5	출구	40	저자 시
6	모자	41	왼 좌
7	농부	42	북녘 북
8	매년	43	마을 리
9	등장	44	겨울 동
10	입추	45	있을 유
11	선조	46	쉴 휴
12	백성	47	장인 공
13	외래	48	아우 제
14	소중	49	편할 편
15	소읍	50	저녁 석
16	활동	51	아비 부
17	화초	52	형 형
18	식사	53	③
19	자연	54	②
20	후세	55	⑦
21	서해	56	⑨
22	정면	57	①
23	기수	58	③
24	군가	59	⑩
25	동장	60	②
26	생명	61	⑧
27	중간	62	⑤
28	도내	63	④
29	일기	64	⑥
30	교시	65	②
31	공기	66	①
32	산수	67	나무를심음
33	곧을 직	68	나라의 말
34	하늘 천	69	⑤
35	여름 하	70	⑤

7급 제15회

#	답	#	답
1	부모	36	셈 산
2	백화	37	고을 읍
3	천만	38	대답 답
4	천하	39	움직일동
5	세간	40	때 시
6	동해	41	모 방
7	교육	42	살 활
8	조상	43	쉴 휴
9	오전	44	물건 물
10	시장	45	남녘 남
11	형제	46	기록할기
12	매년	47	여름 하
13	좌우	48	안 내
14	후일	49	편할 편
15	공기	50	마을 리
16	효자	51	올 래
17	자연	52	목숨 명
18	안전	53	④
19	가문	54	①
20	전공	55	②
21	외식	56	⑤
22	농지	57	④
23	정직	58	⑦
24	주민	59	⑨
25	남녀	60	③
26	입춘	61	⑩
27	유색	62	①
28	식목	63	⑧
29	주인	64	⑥
30	강산	65	①
31	평생	66	③
32	칠석	67	군대의 기
33	말씀 화	68	마음가운데
34	배울 학	69	⑤
35	무거울중	70	①

기출예상문제정답

7급 [가]

#	답	#	답
1	학교	36	낮 오
2	공기	37	내 천
3	물심	38	바깥 외
4	간식	39	저녁 석
5	남산	40	할아비 조
6	평안	41	가을 추
7	농장	42	나라 한
8	매일	43	수풀 림
9	생명	44	오를 등
10	유명	45	임금 왕
11	후문	46	말씀 화
12	백성	47	빛 색
13	불문	48	먼저 선
14	활동	49	백성 민
15	산수	50	지아비 부
16	세상	51	군사 군
17	사방	52	골 동
18	식목	53	②
19	자력	54	③
20	시내	55	⑤
21	효도	56	⑥
22	출입	57	⑧
23	교육	58	④
24	전국	59	②
25	전자	60	⑦
26	이중	61	①
27	주소	62	⑨
28	정직	63	⑩
29	편지	64	③
30	천하	65	③
31	청춘	66	①
32	삼촌	67	큰 일
33	집 가	68	서쪽바다
34	여름 하	69	⑥
35	겨울 동	70	⑧

7급 [나]

#	답	#	답
1	농촌	36	가르칠 교
2	수기	37	있을 유
3	일기	38	들 입
4	외래	39	설 립
5	면민	40	작을 소
6	가내	41	강 강
7	자활	42	일백 백
8	시간	43	지아비 부
9	군가	44	말씀 화
10	산천	45	저자 시
11	남자	46	풀 초
12	편안	47	다섯 오
13	공백	48	골 동
14	생화	49	봄 춘
15	등교	50	달 월
16	출구	51	푸를 청
17	공장	52	낮 오
18	식후	53	①
19	전년	54	④
20	식물	55	⑨
21	주동	56	⑤
22	육림	57	②
23	전기	58	④
24	노모	59	①
25	주소	60	③
26	이장	61	⑦
27	효도	62	⑧
28	정직	63	⑥
29	촌수	64	⑩
30	왕명	65	②
31	선조	66	①
32	세상	67	온 마음
33	적을 소	68	배움을 쉼
34	매양 매	69	⑥
35	저녁 석	70	⑧

7급 [다]

#	답	#	답
1	주민	36	곧을 직
2	평생	37	고을 읍
3	매년	38	집 실
4	가문	39	기운 기
5	외식	40	기록할 기
6	동명	41	땅 지
7	백색	42	무거울 중
8	교가	43	주인 주
9	안심	44	저녁 석
10	남녀	45	늙을 로
11	식물	46	말씀 어
12	백성	47	셈 산
13	전방	48	때 시
14	자연	49	나라 한
15	수학	50	낮 면
16	교육	51	올 래
17	문자	52	겨울 동
18	입장	53	④
19	농부	54	③
20	출국	55	⑦
21	편지	56	②
22	형제	57	⑩
23	휴일	58	⑨
24	소장	59	③
25	강촌	60	⑧
26	공간	61	⑤
27	해군	62	①
28	산림	63	④
29	청춘	64	⑥
30	동구	65	④
31	전화	66	①
32	차도	67	밥 먹은 뒤
33	기 기	68	배움에 들다
34	마을 리	69	⑧
35	목숨 명	70	⑨

7급 [라]

#	답	#	답
1	형부	36	아우 제
2	후세	37	기를 육
3	입하	38	일만 만
4	천년	39	골 동
5	가문	40	장인 공
6	활동	41	마디 촌
7	불편	42	군사 군
8	화초	43	남녘 남
9	공중	44	올 래
10	간식	45	아비 부
11	학내	46	동녘 동
12	평민	47	집 실
13	휴일	48	기록할 기
14	효심	49	고을 읍
15	해녀	50	가르칠 교
16	가수	51	오른 우
17	하직	52	빛 색
18	출생	53	④
19	청춘	54	①
20	농촌	55	②
21	천안	56	⑧
22	추석	57	⑥
23	차도	58	③
24	토지	59	⑩
25	식물	60	①
26	왕명	61	⑨
27	조국	62	④
28	외면	63	⑤
29	시장	64	⑦
30	등교	65	②
31	백지	66	①
32	주소	67	같은 이름
33	기 기	68	앞의 해
34	내 천	69	⑦
35	셈 산	70	⑤

그동안 갈고 닦은 실력을
유감없이 발휘하여
좋은 성적 거두시길 기원합니다.

盡人事待天命